知的生きかた文庫

良寛　軽やかな生き方

境野勝悟

三笠書房

はじめに

あらゆる悩みが消えていく、良寛さんの「生きるコツ」

ふと立ち止まって、考える。
こんなに豊かになったのに、いつも、あくせく生きている。
便利な世の中になったのに、生きる気力が出てこない。
物をたくさん持ってはいるが、あまり、楽しくない。
お金を使って遊んではいるが、腹の底から喜べない。
新製品は、まっ先に手に入れるが、自分だけのいま生きている価値は、つかめない。

良寛は、越後の大きな名主《なぬし》（村全体の取締役）の長男として生まれた。十六歳のとき、名主の見習いとなった。村人たちに、大いに期待された。が、十八歳の夏、名主という名誉な職を捨て、突然、出家した。

二十二歳になると、はるばる、瀬戸内海のほとり玉島の円通寺で、きびしい禅の修行に入った。その徹底しきった修行ぶりは、群をぬき、十数年ののち、国仙《こくせん》和尚から、悟りの高さを評価され、大和尚の位を得た。

しかし、良寛は、僧侶の位や権威を一切捨てる。ひとり杖をついて、越後のふるさとへ帰った。


大人たちは、名誉、地位、財産を得る方法は学ぶが、人生を楽しく生きる方法は、知らない。

「良寛さん！　かくれんぼしよう」

「はいよ」

子供たちと日暮れまで、かくれんぼして、遊んだ。

手まりをついて、遊んだ。

おはじきをして、遊んだ。

鬼ごっこをして、遊んだ。

たこ上げをして、遊んだ。

良寛は、子供たちと遊ぶことを、禅の修行とした。

だれもが、子供たちに教えることはあっても、子供から学べるものはない、と考える。

良寛は、終生、子供と遊ぶことを喜ぶ。では、そこから、いったい、なにを学んだのであろうか。


ＡＩの時代が、すぐ、そこまでやってきた。

人の仕事は、どんどん、減る。働く場所が、なくなる。

そのかわり、自由な時間が、生まれる。

仕事はないが、自分だけの、ありあまる時間……。その時間を、楽しく、喜んで生きられるか？

山の道で、美しく、可憐なすみれの花をとって、ハッとしたときのように、現代人は、良寛の自由な生き方の中から、見事な人生のコツを発見することで、毎日を、楽に生きられるようになる。

境野勝悟

目次

第一章 良寛さんの〝毎日を心から愉しむ〟コツ

第二章

良寛さんの〝軽やかに人と付き合う〟方法

第三章 良寛さんの〝融通無碍な考え方〟のヒント

第四章

良寛さんの〝日々たくましく生きる〟極意

第五章

良寛さんの〝子供と夢中で遊んだ〟話

本文DTP／株式会社 Sun Fuerza

第一章

良寛さんの〝毎日を心から愉しむ〟コツ

1

「いま」を生きる

――手まりつきつつ　今日もくらしつ

わからないことなど、放っておく

学生時代ならともかく、三十代、四十代になって、ある日、ふと、

「なぜ、こんなに働かなくちゃいけないんだ」

と、やる気をなくしてしまう人が、けっこう、いる。

まじめに、順調に仕事に専念していても、年をとると、若いころのような、やる気が、失せる。たいていの場合、優秀な後輩が、自分を追い越したときのようだ。

自分がねらっていた部長の椅子を、年下の後輩にとられる。そんなとき、

「あいつは、オレより優秀だから、当然の結果だ」

とは、どうしても、思えない。自分が、長い間、だれよりも、すぐれていると思って、人を見下していたためだ。

「なぜ、働くのか」

それが、

「なぜ、勉強したのか」

そして、

「なぜ、生まれたのか」

と、なる。それを、いつでも、どこでも考えるようになると、人生が、止まる。

そんなことを考えたって、なんにもならないことが、わからなくなる。そんなことを考えて、だれが、得をするのか。だあれもいない。損をするのは、自分だけ……。

「あなたは、なぜ、生きているのか」

答えられないだろう。答えられなくていいんだ。答えは、ないから……。

「あなたは、なぜ、呼吸をしているのか」

「あなたは、なぜ、話すのか」

「あなたは、なぜ、聞くのか」

「あなたは、なぜ、見るのか」

この質疑に、だれもが納得する答えを出せる人は、いない。世界中に、一人もいない。答えは、ないのだ。

答えのないものに、なぜと疑問を投げかけて、なんとか正当な理屈をくみ立てようとして、あがく。おろかなことだ。

霞《かすみ》立つ　長き春日を　子供らと
手まりつきつつ　今日もくらしつ

超訳する。

「寒い寒い冬が、やっと終わった。春がすみが、立つ。良寛は、全身が浮き立ったのだ。山を下りて、里の人に会おう。子供たちと、手まりをつこう。長い春の一日を、子供たちと手まりをついて、今日も暮らしていこう」

良寛は、子供らと、手まりをついて遊ぶのが、なにより好きであった。手まりをつきながら、子供たちの純粋な心の世界に入りたかったからであろうか。それも、あるだろう。

実は、良寛が子供たちと、手まりをつくのは、坐禅と同じ修行であった。手まりというのは、一瞬でも余計なことを考えると、まりははずれて落ちてしまう。そこに、「なぜ?」などという理屈の世界が入り込む余地は、ない。無心の境地だ。

2

「理屈抜き」で遊ぶ

——汝《な》がつけば　吾《あ》はうたい

人生を、ややこしくしてはいけない

　四十歳まで、わたしは、エリートの男子校で、頭もよく、心も明るい学生たちと、生活させてもらった。

　ある年の春、高等学校二年生の一人が、わたしの研究室へ、やってきた。

「なにか、相談したいことがあるんですか？」

と、尋ねた。かれは、椅子に座ったまま、しばらく、黙っていた。やがて、重そうに口を動かして、こういった。

「先生、ぼくは、なぜ、勉強しなくてはいけないんですか」

「なにつまらんことをいっているんだ。そんなこと、わかりきっているじゃないか。勉強しないと、いい大学に合格しない。いい就職もできない。就職がうまくいかないと、食べていけないよ。いらんことは考えない。すぐやる」

　ポンと、軽く肩をたたいて、返した。いまから考えると、ずいぶん、雑で冷たいことをいってしまったなあ、と、思う。

一カ月、たった。すると、また、かれがやってきた。こんどは、いきなり、まじめな顔で、

「先生、ぼくは、なぜ、生まれてきたんですか」

「……」

わたしは、言葉に、つまった。答えられない。

「それは、難しいなあ。一緒に考えてみようか」

と、うまく、ごまかした。

いくら話し合っても、二人が納得できる答えは出ない。

そのうち、自分自身のことさえ、「なぜ、こうして、この世に生まれてきたのか」が、まったく、わかっていないことに気づいて、こちらも悩み始めた。

ただし、いくどか、かれと話しているうちに、かれが、いつ「なぜ?」を考えるようになったのか、そのきっかけは、やっと、つかめた。

かれが、高一のころ。いくら一生懸命に勉強しても、成績が上がらない。友だちに、ずんずん追いぬかれていくようになったときだ。

なぜ、勉強するのか、まったく、わからなくなった、と、いう。

子供らが　今を春べと　手まりつく　ひふみよいむな
汝《な》がつけば　吾《あ》はうたい　吾がつけば　汝は歌い

うららかな春の一日。里へ托鉢《たくはつ》（お経を唱えて、米や金銭をいただくこと）に出かけたところ、わあっ春がきた、と、子供たちが、手まりをついて遊んでいる。

子供たちが手まりをつけば、わたしは「ひ、ふ、みよいつつ、むつつななつ」と歌い、わたしが手まりをつくと、子供たちが、歌う。

「良寛さん。まりをつきましょう」と、子供たちにいわれると、「そうか」と喜んで、托鉢はすっかり忘れて、春一日、子供たちの遊び相手をする。良寛は、子供たちと遊びながら、悩みのない自由な世界にひたって生きた。

子供たちは、「なぜ遊ぶの」「なぜ生きているの」、そんな愚にもつかない、考えたってしょうがないことには、触れようとしない。

3

毎日を「感謝」で埋めつくす

――つくづくと見し　おもかげは　なお目の前に　あるごとし

そのとき、その場に、うまく合わせて生きる

私は、なぜ、生まれてきたのか？
いくら考えたって、答えは、ない。
禅的に答えるなら、「なぜ」ではなく、ただ、生まれただけの話。
この人生をどのように生きるべきなのか。
生まれてから、死ぬまで、どのように生きるべきか？
一貫した絶対の答えは、ない。
禅的にいうなら……。
そのとき、その場に、うまく合わせて生きたらいいじゃないか。
ほんとうの幸福とは、なにか？
名誉を、得ることか。
地位を、もらうことか。
財産を、持つことか。

名誉を得ても、地位をもらっても、財産をしこたま持っても、人は、幸福にはなれない。

禅の世界には、「なぜ?」は、ない。

「どのように」もない。

「ほんとうの幸福」は、どこをさがしても、ない。

禅に生きる、とは、一切の理屈をこねないで、ただ、ひたすら、自分の母親から、この人間として生まれたことに、感謝しつづけて、生きていくことなのだ。

今はこの世の　なごりとや
思いましけん　涙ぐみ
手に手をとりて　わがおもを
つくづくと見し　おもかげは
なお目の前に　あるごとし

良寛が母と別れたときの詩。

大意はこうだ。

「これが、この世のお別れだね、と、母はわたしの手をとって、わたしの顔をつくづくと見ていた。あのときの母の面影が、母がまだ生きているように、いつまでもハッキリと、わたしの目の前にある」


良寛に、「なぜ？」はなかった。

良寛の心には、自分を人として産み、育ててくれた母への「ありがとう」の言葉で、埋めつくされている。

「ありがとう」……。

そのとき「なぜ」が、消える。

「ありがとう」……。

そのとき「どのようにしたらいいか」、それが、わかる。

人として、生まれてこられて、「ありがとう。ありがとう……」。

その感謝の一日が、幸福の一日だった。

4

「意味」など追い求めない

——ただ是れのみ

「わたしは、ただ、遊んでいるだけ」

坐禅を、くんでいる。

と、

「なぜ、坐禅をやるんですか？」

と、よく、聞かれる。

「……」

答えは、ない。坐禅をくんでも、なんにもならん。

良寛の詩に、つぎがある。面白い。

青陽　二月の初め　物色　やや新鮮
此の時　衣鉢を持ち　騰々《とうとう》として　市鄽《してん》に入る
児童　たちまち我れを見　欣然《きんぜん》として　相将《つれ》て来る
盂《う》を白石《はくせき》の上に放《お》き　嚢《ふくろ》を青松の枝に掛《か》く

ここにて百草を闘《たたか》はし　ここにて毬児《まりつ》を打く
我打けば　渠《かれ》かつ歌ひ　我歌へば　渠《か》れこれを打く
打き去り　打き来《きた》って　時節の移るを知らず
行人《こうじん》　我れを顧《かえりみ》て問ふ　何に由《よ》ってか　其れかくのごときと
首を低《た》れて　これに応《こた》へず　道得《ことば》もて　いかに以《しめ》さんや
箇中《こちゆう》の意を知らんと要せば　元来　ただ是れのみ

超訳する。
春になると、新しいみどりが、美しい。
雪もすっかり消えたから、鉢の子（鉄のおわん）を持って、托鉢に村へ出かけよう。
心もいそいそと、村へ向かうと、村の子らが、すぐ、わたしを見つけて、
「良寛さーん、遊びましょう」
と呼び合って、跳んで走ってわたしをつかまえ、寄ってたかって、ぶら下がる。
歩こうとしても、歩けない。
そこで、鉢の子を石の上に置き、頭陀袋《ずだぶくろ》（首にかける袋）は、松の枝にかけ、

「さあ、来いっ」

と、相撲をとって、投げ合ったり、転んだり……。

「良寛さん。こんどは、まりつき」

と、おつぎは、女の子……。

わたしがまりをつくと、みんなは歌い、みんながつけば、わたしが、歌う。つぎから、つぎへとつきあって、時のたつのも、すっかり忘れる。

ゆきずりの村人が、

「良寛さん。なんで、そんなことをしているのか」

……と。「なぜ？」って、そんな理由なんか、ないよ。わたしの真意を知りたいなら、ほら、こうして、ただ、ぽん、ぽん、ぽんと、まりつきをしているだけじゃ。

なんにもならんことをしているときに、実は、命のエネルギーが、上昇する。

5

怒らない

——訓戒　怒らない

村一番の乱暴者を改心させた、良寛の言葉

人から、無礼なことをいわれる。
カーッと、なる。
人が、失礼なことを、してくる。
ムカーッと、する。
世の中のことでも、不正や不公平、面白くない。
冷淡に、子供を抑圧する。それも……。うむ、許せない。
あんなに、ていねいに頼んでおいたのに、なんにもしてくれない。
そうしちゃいけないと、親切にいってあげたのに、ぜんぜん、そうしない。
若いころ、わたしは、毎日、怒ってばかりいた。
が、いくら怒っても、いくらどなっても、まわりは、まったく、変わらなかった。
毎日、毎日、怒りの種は、つきなかった。

あるとき、良寛は、分水町地蔵堂にある川の渡しを、わたろうとした。

そこの船頭は、権三といった。

ふと、良寛が、舟にのってきた。権三は、良寛が、おとなしい人で、一度も怒ったことがないと、聞いていた。

権三は、村一番の乱暴者の悪だった。

ちょうど、客は、良寛一人だ。

「よーし、どれくらい意地悪をしたら、こいつが怒るか、怒るまで、いろいろためしてみよう」

舟が、川のまん中に、出た。

権三は、わざとよろめいて、竹ざおで、ピシャリと、川の面をひったたいた。

水しぶきが、パッと、良寛にかかる。

良寛は、びしょぬれ……。

が、良寛は、少しも怒らない。

権三は、こんどは、体を左右に動かした。舟を思いきって、ゆさぶった。

ぐらりっと、舟が、ひっくり返った。

良寛は、川の中へ、転がり落ちた。

良寛は、泳げない。アップ、アップ、アップし始めた。

びっくりした権三は、川の中へすっ飛び込んで、良寛を舟の上へ救いあげた。

舟の上に助けられた良寛は、権三に、ていねいに、

「権三さん、ありがとう。お前さんがいなければ、死ぬところだったよ」

と、お礼をいった。

舟が、向こう岸につくと、ふたたび、

「おかげでいのちが助かったよ。権三さん、ありがとう」

と、いって、立ち去った。

この姿を見て、乱暴者・権三の心は、一変した。

訓戒　怒らない

怒りは、他人に害を与えるばかりで、けっして、他人を善導しない。

6

心に地獄をつくらない

——南無阿弥陀仏《なむあみだぶつ》と　いうと答えよ

良寛が遺した〝最後の教え〟

国宝の、地獄の絵を、見た。

まあ、なんと、おそろしい。

つぎから、つぎへ、これでもか、これでもか……。

残酷な地獄の絵が、つづく。

わっ。こわいっ。もう、やめてくれ！

いままで、けっして、見たことのない、常識をはるかに超えた、人をこんなにも、無惨に殺すのか……。

子供のころから、ちょっとしたことに、ビクビクするわたしは、幽霊の映画も、芝居も、歌舞伎も、ぜったい、見ない。

ほぼ千年前に、なぜあんなおそろしい地獄絵を描き、それが、国宝にもなったのか。

理由は、こうだ。

人間よ。お前たちみたいに悪いことばかりしていると、死んでから、地獄へ落ちて、心や体にひどい責め苦を受けるよ。

いま、生きている人間に、死んだあとの地獄の世界を、とことん想像させる。

そして、

「こわいか？　おそろしいか？　こんな地獄へ落ちてもいいのか」

と、しつっこく、迫ってくる。

「イヤです。そんなおそろしい地獄へ行きたくはありません」

「そうだろう。地獄へ行きたくないなら、アミダさまのお力におすがりしなさい。合掌して、ナムアミダ仏と申し上げるのだ。すると、あなたは、極楽へ行くことができるだろう」

人に、きつく恐怖心を植えつけて、善導していくのだ。

けっこうな話ではある。しかし、おそろしい地獄絵を見ただけで、その恐怖がもとで、仏教がイヤになる人も、いる。

仏教を、誤解する人もいる。仏教を、軽く、さげすむ人もいる。

いい加減なことをいうなっと、怒る人がいても、しょうが、ない。

天保元年（一八三〇年）十二月二十四日。ハラハラ雪が、舞う。

いよいよ、良寛は、この世を去ることになった。良寛は、病いの床にふせっていた。

ふと、夕方になって、雪が、やむ。

障子に、明るい夕日が、照ってきた。

良寛は、やっとのことで、床の上に座った。

「障子を開けておくれ」

静かに障子が、動いた。まあ、なんとすばらしい西の空の美しい光。まさに、西方浄土のかがやかしい光の風景が、広がっていた。

良寛に　辞世《じせい》あるかと　人問はば
南無阿弥陀仏《なむあみだぶつ》と　いうと答えよ

良寛は、一生の間、一度も地獄のおそろしさを、説かなかった。が、この良寛の一首に会うと、心が洗われて、自然に南無阿弥陀仏と、唱えてしまう。

現代では、自分を磨くに、地獄の恐怖は、まったく、いらない。

7

自然と仲良くする

――清風　万古に伝わる

人工知能には、ぜったいできないこと

中学生で、将棋のプロ。

みんな、驚いた。だれも、拍手を送った。

が、このプロも、いつか、人工知能にやられてしまうかも……。

かつての名人たちは、つぎつぎ、人工知能のロボットに、たたきつぶされた。

いま、株式の情報でも、人工知能が大活躍している。人工知能の働きがないと、株の世界も、ストップ。

おそろしい。そのうち、人工知能が、あたらしく便利なコンピューターのシステムを、じゃんじゃんつくってくれるらしい。

自動車も、人の手をかりずに、安全に走行する。

タクシーの運転手さんは、いらなくなってしまうのか。

困ったね。

会社のデスクに座っていても、目の前には、コンピューター。まわりも、コンピューター。機械の知能が、計算したり、情報を集めたり……。

出勤して、隣の人と、一口もしゃべらず、退社……。そこに、人がいない。

帰り道は、スマホでパチパチ……。

機械の知能ばかりが、人の生活のまわりに、のさばってくる。

そして、人が、どんどん、人の生活を失っていく。だんだん、人が、機械のようになっていく……。

もう、人は、いらないのか。

いや、やっぱり、人でありたい。機械の知能に、敗北したくない。

じゃ、機械の知能にはない、人間らしさとは、なにか？

機械の知能が、いくら発達しても、どうしても、人間には及ばないところは、なんだろう。

人工知能が、人に対して、「へい、負けました」と、頭を下げる人間だけの尊い能力……。

それは、いったい、なに？

良寛はいう。

松柏《しょうはく》　千齢《せんれい》の外　清風　万古に伝わる
四序《しじょ》　鳥《とり》相和し　冷泉　長《つね》に潺湲《せんかん》たり

超訳する。

「松の木も、柏の木も、千年以上、みどりを絶やさない。清らかな風は、万古とまったく同じ、ああ、うまい。ああ、涼しい。春、夏、秋、冬。それぞれに、可愛らしい鳥が、美しい声でなく。谷に湧き立つ冷たい泉は、大むかしから、ずっと、ずっと、同じ音を立てて、流れてゆく」


良寛は、自然の中に、永遠の生命の活動を見て、生きるパワーを感じた。

もはや、現代人は、機械文明の世界から、脱出できない。

ならば、ときどきで、いい。大自然の中に身を置く。すると、だれでも、かならず、新鮮なもう一つの人生を、発見する。自然を友にして生きる。これは、人工知能には、ぜったい、できない。

8

息をととのえる

——気息を調《ととの》う

お金がなくたって人生は楽しめる

お金は、使える。

どんどん、使おう。

じゃん、じゃん、買おう。

そうはいっても、そんなにお金がないよ。

なくても、大丈夫。

なくても、けっこう、楽しめるよ。


ずいぶん、むかしの話で、恐縮。

わたしは、中学一年生のとき、あの世界大戦が、終わった。

戦争しているときも、戦争が終わってからも、まわりに見えるのは、工場や家が、焼けたあとばかり。

食べるものが、ない。水も、ろくろく、ない。

主食は、イモ。それも、一日、二食。

米は、ひとつぶもない。

おやつは、かぼちゃのふかしたもの。それも、一週間に一度でも食べられたら、万歳をして、喜び勇んで、食べた。

ビスケットも、キャラメルも、なんにもなかった。だから、見たこともない。

ところで……。

昨日、百円ショップへ行った。まあ、なんと、なんと。たった、百円で、おまんじゅうも、ビスケットも、ケーキも、あめも、キャラメルも、どれでも、手に入る。

戦争中は、見たことも、食べたことも、まったくなかった高級品。毎日、みんなが夢のようにあこがれた、おいしいおやつ。

千円買ったら、持ちきれない。一カ月のおやつが、そろう。

汗水たらして、苦心して稼いだ大切なお金ではないか。ぜいたくは、遠ざけよう。

ちょっと視点を変えると、いまは、安いものが、じゃんじゃん手に入る。

大切なお金だ。安くて、いいもの、安くて、うまいものをさがして、どんどん使って、今日一日を、楽しむ。本だって、五年前に出版された本が、なんと、一円で買える。ならば、十冊買っても、十円だ。
良寛はいう。

微々として　気息を調《ととの》う
ほとんど寝食を忘れんとするに至る
よし安閑の処を得たりとせば
けだし修行の力に縁《よ》らん

「坐禅をして、少しずつ心と息をととのえる。もはや、寝ることも食べることも、すっかり忘れて、ゆったりと、のどかな気持ちになる。このすばらしい心境を得るには、坐禅しかなかった」……と。

良寛は、お金がないときでも、坐禅をくんで、楽しく生きた。お金がなくて、一寸先はわからなくても、人は、生きていける。坐禅は、一銭も、いらない。が、坐禅をくむと、さらっと悩みが洗われて、ぐっと胸を張って生きられるように、なる。

9

「呼吸の力」を感じる

——香を焚いて　此に安禅す

坐るとなぜいいか？

坐禅が、好きだ。

いいか、悪いか、知らない。

とにかく、今日まで、坐禅をくんで、生きてきた。

といって、坐禅は、いいことですから、みなさんも、なさってみたらいかがですか？　とは、けっして、いわない。かつて、いったこともない。

わたしは、禅宗のお坊さんではない。だから、布教する義務は、ない。

じゃ、坐禅を始めたころから、ぞっこん好きだったのか？

そういわれると、そうじゃない。

始めたころは、足がいたいし、なんにもしないで、ボケーッとしている時間は、もったいないと、思いつづけていた。

ただし、パソコンやインターネットの普及で、時代のスピードが、どんどん早くなってきた。

こんなにスピード時代になると、のんびり屋のわたしは、みんなに追いこされて、生きる気力を失ってしまう。

こんなに疲れたときは、よく寝て、体を休めることが大切だ。

が、ただそれだけでは、生きる気力が湧いてこない。

坐禅は、ただ坐って、ただいたずらに時間を空費するわけではなかった。

坐禅会で一緒に坐禅していたほとんどの友だちは、

「時間が、もったいない!」

といって、やめていった。

わたしも、そんなことを、ふと思わないでもなかったが、その都度、坐禅を最初に教えていただいた「山本玄峰老師」のお姿が、浮かんだ。

わたしの場合、なぜか、だんだん、坐禅が、好きになっていった。

坐禅とは、なにか?

まず、息を静かに吸い込む。

つぎに、吐く息に心を集中する。

それをくり返しているうちに、心がふしぎにリラックスしてくる。

面倒くさがらず、毎日、朝と晩、三十分ずつ坐っていると、なぜか、心がときめいてくる。シッカリ生きよう、というような妙な気力が出てくる。

だんだん、健康の力が、増加する。

それは、人から教わって、そうなったのではない。

坐禅をしていると、そうなった。湧いてきたのである。

そのころから、坐禅が、とことん、好きになった。やめられない！　やめられない！　ということで、とうとう、今日まで……。

良寛はいう。

足を洗って　石上に上がり

香を焚いて　此に安禅す

「子供たちと別れた山道に、平たい石がある。足を洗って、その石の上にのって、香を焚いて、坐禅する。良寛の毎日は、来る日も、また来る日も、草庵を閉じて、坐禅している」……と。

第二章

良寛さんの〝軽やかに人と付き合う〟方法

10

「暴言」を吐かない

――戒語　一つ、きわどくものをいう

良寛がいると、その場のみんなが仲良くなった

幸福って、なに？
幸福。それは、どこにあるのか。
どこにもない。幸福は、自分の心の外にさがしても、ない。
幸福が訪れるのは、自分の心の中に、悩みがないときであった。
人は、悩みさえなければ、いつでも、どこでも幸福なのだ。
幸福は、けっして外に求めるものではなかった。

山のあなたの空遠く　幸い住むと人のいう

若いうちから、自分の未来に、幸福を求めてきた。あしたは、幸福になろう。来年は、幸福になろう……。幸福は、どんどん逃げた。

山のあなたになお遠く　幸い住むと人のいう

「幸福はね。もっとずーっと山の奥の方にあるんだよ」といっている人は、実は、幸福にはなれない。

自分の欲求が、満たせない。まわりが面白くなくて、苦情ばかりいいたくなる。孤独になりたくない。人から認めてもらえない。あの人に復讐《ふくしゅう》したい……。つぎから、つぎへと湧きあがってくる悩みを、うまく消せないと、仕事でいくら努力しても、幸福感は、生まれない。

一日の悩みは、その日に処理したい。なぜか。悩みが、つもってくると、顔がだんだん怒りの表情になる。なにかあると、人につっかかっていくから……。

もっともおそろしいのは、あまりにもたくさん悩みを抱えすぎ、突然、家族や恋人などを、激しく責め立て、思ってもみなかったきびしい毒舌を、吐くことだ。

「お前みたいなヤツは、死んだ方がいい！」

こんな一言で、人生を破壊している例は、少なくない。

良寛は、農家の人や、きこりさんとも、親しく交わった。村の人から、ふと声をかけられると、それはそれは、うれしそうにほほえんで、すぐ仲間になった。

いろいろな悩みごとを持っている人には、とくに、思いやり深く、その悩みをどうやったらなくせるかを、一緒になって考えてさしあげた。

たまには、みんなでうまそうに酒を飲んだ。いくら飲んでも、良寛は、けっして乱れず、静かに、楽しそうに、つねにみんなを立てるように心がけている。

仏教を語ったり、人の道を諭したり、説教めいたことは、なに一つ口にしなかった。

良寛がいると、なぜかみんなが仲良くなり、いつもほのぼのとした、あたたかい空気につつまれた。

一つ、きわどくものをいう

これは、良寛がとくに気をつけたことだ。良寛は、自分の口から出る言葉によって、相手をピンチに追い込むことを、なによりも、嫌った。バカとか、死ねとか、きわどいことは、けっして、いわない。

11

自分の幸せは自分で決める

——偏《ひとえ》に人事の少なきを喜ぶ

「いまの自分が、イヤだ」という人たちへ

「いまの自分が、イヤだ」

「わたしは、ダメ人間です」

有名大学を出て、いい会社にお勤めになっている人が、そういうのだ。

別に、名高い大学を出ていない、あるいは、専門学校を卒業して、なんとか就職にありついた人の方が、

「なんとか、夢が、かないました」

「まあ、ボチボチですが、なんとか楽しくやっています」

と、明るい。

いろいろ原因は、ある。

ただ、一つ。「自分がイヤだ」と思っている大半の人が、そのような気持ちになる原因は、こうだ。

大方のエリートは、もう、小学校へ入るころから、

「しっかりお勉強をして、いい大学へ合格するのよ」

と、いいつけられる。

なにがなんだかわからないのに、

「ウン、わかったよ」

素直な子ほど、親の目を通して、自分の理想の自分像をつくり出す。

お母さんに、お父さんに、ほめられたい。みんなにも、ほめられたい。

それは、まわりからほめられる自分像であって、自分のやりたいことでは、ない。

いい会社に、入る。上司に、ほめられたい。お客さんにも、ほめられたい。同僚にも、よく思われた方が、いい。

こんな気持ちで、理想の自分像をつくりあげていくうちに、「自分がなりたい自分」とは、結局、「人にほめられたい自分」だったことに、会社に勤めて、五、六年たったころ、ふと気がつく。

人生の幸福についても、そうだ。社会が、当たり前だとしている、「いい大学、いい就職」「競争に勝つこと」「働くこと」が、実は、「自分が理想とした幸福」であったろうか。幸福に対する人生観さえ、自分が望んだものでは、なかった。

「いまの自分がイヤだ」

それは、いままで、つねに、他人の目を通して、自分がいい子といわれることばかりに束縛され、「なりたい自分」をすっかり見失った自分、その自分がイヤなのだ。

良寛はいう。

菜はただ藜藿《れいかく》これのみ
米はみずから比隣《ひりん》に乞う
偏《ひとえ》に人事の少なきを喜ぶ

「おかずといえば、あかざと豆の菜っぱだけ。お米は、隣の人に、頭を下げていただいても、とにかく、いいとか悪いとか、ほめられたり、そしられたりする世間のわずらわしさから脱出したことを、わたしは、喜ぶ」

良寛は、自分のまわりに迫る評価の情報を気にして、従順に追っかけまわすことが、結局、自分を「ダメ人間」にすることを、よく、知っていた。

12

相手の意見を尊重する

――偏《ひと》へに彼《か》の旨に参ずべし

やっぱり男は男らしく、女は女らしく

男も、ない。

女も、ない。

ほんとうに、そうだろうか。

男も、ない。女も、ない。

これは、いまの世の中の、はやり言葉でしか、ない。みんなが、それを口にしているると、いつの間にか、それが、自分の考えになってしまう。

禅の世界では、世の中で、みんなが考えていることを、鵜呑《うの》みにすることを、徹底的に、嫌う。

坐禅をしながら、静かに、その考え方が、適切であるかどうか、を調べる。

男も、ない。女も、ない。

じゃ、男っぽい魅力も、女っぽい魅力も、ないのか？

男でもない、女でもないような女性が、女性の魅力を、いちばん、備えているのであろうか。

姿だけでは、ない。

男に、子供が、産めるのか。

子供は、やはり、女性に産んでいただかなくては、なるまい。

この絶対的な事実をさし置いて、男も、女も、ない。

と、いえるだろうか。

男も、ない。

女も、ない。

ならば、結婚の必要は、ない。

男と女は、それぞれ個性的なすばらしい素質を、生まれつき、持っている。精神も肉体も違うからこそ、結婚する。

わたしは、三十年も、四十年も、奥さまたちの教室で、文学の勉強をしている。

三十年も、四十年もお付き合いをさせていただいていると、すっかり親しくなって、なんでも、正直に女性の考え方を、教えてくださる。

女性と、心からの信頼が生まれると、どんなことでも、答えてくれる。

その女性のぶっちゃけた本音の考えを教えていただくたびごと、「女性の考え方は、すばらしい。わたしの考え方は、いつも単純すぎる」と、深く、深く、反省している。

良寛はいう。

我が見《けん》、彼《か》れの旨《むね》に異ならば
暫《しば》らく我が所見を棄《す》てて
偏《ひと》へに彼《か》の旨に参ずべし

超訳する。

「男たるもの、相手の女性と考えが違ったときは、まず、さっと自分の意を捨てて、相手の女性の言葉によーく耳をかたむけて、その考えを、ていねいに聞いてさしあげることだ」

男と女の考え方は、違う。その違う考えを深く理解し学ぶのが、愛の終着駅だ。

13

怒っても、またすぐ笑う

――人間の是非　看破に飽《あ》いたり

「大人はすぐ決めつけるから、イヤなんだ」

わたしの頭は、ゼッペキだ。

わたしの目は、それは、タレ目。

小さいころ、わたしのあだ名は、その二つだった。

「ゼッペキころちゃん」

「タレ目ちゃん」

と、毎日、いわれた。ある日、自分より、よっぽど年下のタケシちゃんから、

「やーい。ゼッペキー。タレ目ー」

と、ひやかされるように、いわれた。

年上の友だちに、あだ名をいわれても、なんでもない。が、年下にそういわれると、
理屈抜きで、カーッとなって、くみ合って、やっというほど力を入れ、下手投げで、
すっ飛ばしてやった。

ゴツン！　タケシちゃんの頭が、切り株に当たった。

「わーっ。わーっ。いたい！」

タケシちゃんは、でっかく口を開き、天を仰いで、泣き出した。

わたしは、飛んでいって、タケシちゃんの頭を、なでた。

「ごめんな。ごめん。いたかったか」

わたしは、タケシちゃんをおんぶして、タケシちゃんの家へ行った。

「おばさーん。タケシちゃんとケンカして、タケシちゃんを泣かしちゃったぁ」

タケシちゃんのお母さんは、

「ああ、そうかい」

といって、つづけざまに、

「いま、イモがふけたから、食べていきな」

と、サツマイモを二本、ザルに入れて、廊下に置いてくれた。

わたしは、少し大きい方のサツマイモを、タケシちゃんに手渡した。が、

「オレ、小さい方で、いいよ」

タケシちゃんは、そういって、大きいサツマイモを、くれた。

二人で、廊下に座って、ニコニコしながら、サツマイモを食べた。

あだ名をいわれて、腹が立ったことも、ケンカして泣かせてしまったことも、まったく、忘れて、タケシちゃんと、サツマイモを、食べた。あのころの子供のケンカは、相手が泣いたり、転んでしまったら、走っていって、あやまった。子供は、ケンカしても、すぐ、仲直りした。そして、前より、もっと、仲良くなった。

良寛はいう。

人間の是非　看破に飽《あ》いたり

超訳する。

「大人の世の中は、あれがいい！　これがいい！　ああしなさい！　こうしなさい！あれは、ダメだ！　これも、ダメだ！　と決めつけて、おたがい、他人の欠点を見つけようと、あくせくしている。そんな姿は、もう見飽きてしまった」

子供の世界は、すばらしい。けっして決めつけないから、本音をぶつけて話しても平和だ。やりたいことだけやって、心から楽しみ、すぐ、怒っても、また、すぐ笑う。

14

悪いところも受け入れる

——是《ぜ》あれば　また非《ひ》あり

〝いい人〟なのに評価されないこともある

三ちゃんは、いい人だ。

でも、評判は、ひどかった。

三ちゃんは、あばれん坊だった。畑の中を、びゅんびゅん飛び跳ねていた。

木登りも、名人だった。

お宮の森のでっかい木も、スルスルと、猿のように、てっぺんまで、登った。

大人たちが、

「あぶないぞーっ。早く、下りてこい」

と、みんなで、大声を張りあげても、へっちゃらで、てっぺんの枝に座って、枝を大きく、ゆすっていた。「まったく、ヤツは、手に負えない」。大人たちは、三ちゃんを、悪童あつかいした。

夏の昼下がりだった。

わたしは、五、六人の友だちと、大川で泳いでいた。

前の日、大雨が降ったので、水は、にごっていた。でも、みんな川へ入った。わたしも、一歩ずつ、注意しながら、進んだ。川のまん中にとどいたころだった。急に、つめたい水が、柱のように流れてきて、わたしの足をさらった。まだ、小学校二年生だった。

わたしの小さくて細い足は、二本とも、足場を失った。

とたん、全身が、クルリッと、まわった。クルッ、クルッ……。

「わあーっ」

と叫ぼうとしたとたん……。

がぶりっと、水が口から入ってきた。足が、下に、とどかない。

手足だけ、バタバタやって、そのたびに、ガブ、ガブ、水を飲んだ。

ただ、足と手と、全身もがいて、水を飲みながら、一人、下流に流れた。

なんにもわからず、なんにも考えず、ただ、あばれまくって、水をガブガブ飲んで、そのまま、死んでいくのが、おぼれ死ぬということなのだ。

そのとき、たまたま、三ちゃんが、大橋の上を、自転車で通った。わたしが、アップ、アップしているのを見るや、三ちゃんは、大橋のま上から、飛び込んだ。

ほとんど意識を失いかけたわたしの腕の根もとを、三ちゃんが、つかんで、グイグイ引っぱってくれ、わたしの足が、下についた。友だちが、岸の上で手をたたいた。

わたしはおそろしさで、ただ、わーっと泣きつづけた。川の中で立ったままで……。

三ちゃんは、そのまま、一人で抜き手をきって、上の方へ泳いでいった。

「三ちゃん、ありがとう」

わたしは、いまになっても、なんとかして、三ちゃんに、そういいたい。

が、あの日から、一度も、三ちゃんに、会っていない。

美あれば　すなわち醜あり　是《ぜ》あれば　また非《ひ》あり

「子供には、美しいところもあれば、醜いところもある。いいところもあれば、また、悪いところもある。その両方を認めて、おおらかに育てることが、肝心だ」

と、良寛はいう。

「いい子」に、こだわりすぎては、かえって子供を、たたきのめすことになる。

15

〝らしく〟行動する

——動静　おのおの為すあり

「ムカデの足は一本たりとも、他の足の邪魔をしない」

ムカデが出ると、たいへんだ。

お客さんがいるときに、サッと出てくると、もっと、たいへんだ。

飛びあがって、ギャアギャア、大騒ぎとなる。

うっかり、ムカデが、お客さんの足に食いついたら、救急車のお世話になる。

山のふもとに住んでいるので、クモとか、トカゲは、友だちのように思わないと、家の中が殺気めいて、面白くない。

が、ムカデだけは、友だちには、どうしたって、ならない。

「ムカデッ……」

と、家のものが呼ぶと、つっ走ってムカデを見つけ、「ムカデコロリ」をシューッと吹きかけて、片手の合掌をしてから、

「ナムアミダブツ」

わが家は、ムカデだけは、鳥肌が立つくらい、嫌われている。

ところが、である。

先日、奈良の生駒山の信貴山寺《しぎさんじ》へ行ったとき、ギクッとした。

本堂正面に、大きな額が、かかっている。

『毘沙門天王』

なんと、その額のかざりが、二匹の大きなムカデではないか！

二匹のムカデが左右に分かれて、たれ下がっている。

いったい、どうしたことか？

頭がまっ白になるくらい、まるで、わからない！

一瞬、息が、止まった。そのとき、ちょうど、本堂の中に坐っていらっしゃったお坊さんに、おそるおそる、お尋ねしてみた。

「あの、すいませんが、なぜ、この額にムカデが彫ってあるんですか」

「ああ、そうか。ムカデはな、百の足と書くだろう」

と、説明が、始まった。そして、つづく……。

「ムカデはね。百本の足を動かして、走っていくんだ。百本が同時に同じように、動く。しかも、一本たりとも、他の足の邪魔をしない。他の足に迷惑をかけないで、みんなが、仲良く、自由自在に働いている。すばらしいことだね」

「こうしなさい」「これじゃダメだ」と一本一本の足の動きに、文句をいって指導せずとも、信じて、任せておけば、巧みに、みんなが仲良く振る舞って、あんなに速いスピードで、走っていく。

小大　その処を得
動静　おのおの為すあり

「小さいものは、小さいなりに、大きいものは大きいなりに、そのとき、その場所をよく心得て、適切に、ピッタリと環境に合わせて、おのおの、よろしく自由自在に行動していくのが一番いい」

と、良寛はいう。

いずれにせよ、人生、あまりにも「これだけが正しい」と頭から決めつけないでほしい。人は、だれでも、みんな同じだ。みんな、すばらしい生命を持つ。

16

「視点」を広げる

——戒語　人のけしきを見ずしてものをいう

「短所」は見ざる、言わざる、聞かざる

「片づけなさいっ」

母は、この点だけ、きびしかった。

兄弟も多かったから、それぞれ散らかしていたのでは、たまったものじゃない。

兄弟は、みんな、よく片づけた。掃除も、みんなで、よくしていた。

わたしは、本をぴしっとそろえて置くのが、大好きだ。

本が、だらしなく放ったらかしにされていると、気分悪く、本も読めない。

この点、妻の母は、とてもおおらかで、散らかっていても、ほとんど気にしない。

「片づけなさいっ」

というセリフは、聞かない。

その母の娘が、わたしの妻である。

母の姿を見て育ち、どちらかというと、勉強とか趣味に時間をかけて、成長してきたと思われる。いずれにしても、片づけは得意ではない。

妻と結婚させてもらって、わたしは、幸せだった。が、生活に入ると、とたんに、「片づけない妻」は、予定のほかとなった。万事順調の中で、「片づけない」だけは、時々、ちょっと気になった。

ずーっと我慢をして、二十年ほどたったある日、なにかのついでがあって、ふと、文学講座の最中に、そんなことが話題になったので、

「うちのカミさんも、片づけないよ」

みたいな発言をした。そのとき……。

お茶をくださった奥さまが、

「先生。私も片づけませんよ。きちんと片づけると、なんとなくさびしくて、イヤなんです。でも、片づけない人は、お料理やお洗濯は、よくやるでしょう？　片づける人は、あまり料理に手をかけないと、よくいいますよ。先生だって、得意なものと、不得意なものがあるでしょ」

合掌。なんとお釈迦さまのように尊くきびしいお説教……。

そういわれてみると、たしかに、妻は、料理には、手をかけてくれる。私の好きなものを、それは、うまい味をつけてくれる。

洗濯も、そんなにしなくてもいい、と思うくらい、ちょっと汚れると、すぐ、きれいに洗って、アイロンも、きちんとかけてくれる。

いったい、どこに文句があるというのか？

散らかっているのがイヤなら、わたしが、片づけてやれば、いいじゃないか！

そう思ったとたん、妻の一つの欠点を見つめてばかりいると、妻の花のように咲いているたくさんの美点が、かくされて見えなくなることを知った。

人のけしきを見ずしてものをいう

これは良寛の戒めの言葉。

「人のけしきを見る」とは、人を、景色を眺めるときのように、全体的に、客観的に広い目で観察しなさい……ということ。

とどのつまり、とくに夫婦においては、面白くない一点ばかり批判し、気にして、ほかにあるすてきな長所、すぐれた点を見失って生活していては、自ら「金の卵」を失うことになる。

17

しっかり聞き、ゆっくり話す

——戒語　おのが意地を通す

良寛が自分に戒めていた二つのこと

いいか、悪いか、わからない。

まだ、小学校に入る前から、近所のおじさんや、おばさんから、

「まず、人さまのことを考えなさい」

「まず、相手のことを思いなさい」

と、よく、いわれた。

もう、一つ……。

「お先にどうぞ」

他人には、かならず、道をゆずった。

お祭りのときも、お盆の行事も、川の草刈りも、正月の祝いごとも、三月のひな祭りも、五月の節句も……。

みんな、仲良く、みんな、心が一つに結ばれていた。

そのときだけは、文句をいったり、ケチをつけたり、不満をいう人は、一人もいな

かった。

日本人は、自然と人とが、一つの心で結ばれていただけでは、なかった。

日本人は、人と人とが、また、一つの心で結ばれていた。

わたしたちのいのちは、自然としっかり結ばれ、人と人も、まったく同じ自然のいのちで、結ばれて生きてきた。

親戚のおじさんからも、学校の先生からも、日常生活の話の中で、よく、そのように教わっていた。

あのころ、日本は、とても貧乏だった。でも、みんなが仲良く、思いやって、いつも元気で、明るく、遠慮し合って、礼儀正しく、うれしい毎日だった。

わたしたちは子供のころ、食べものを粗末にすると、バチが当たるといって、親から叱られた。それは、人間に奉仕してくれる自然のいのちの尊さを忘れないようにという、親心から、出たものであった。

自然のいのちと、一緒に生きる。みんなのいのちと、結んで生きる。この徹底した教育があって、はじめて、日本人が、人にやさしく、人に対して謙虚であり得たのである。

おのが意地を通す

良寛が、自分で、自分を戒める自戒の言葉である。

良寛は、自分の意見を、人をつぶしてまで押し通すことを、ぜったいにしない、とつねに、心にいいきかせていた。

良寛は、自分の意見を一言いう前に、まず相手の意見を、シッカリ受け入れた。

相手の話を、よく聞いてさしあげるというのは、相手を大切に思わなければ、とても、できない。

口のはやさ

これも、自戒の一つ。

相手の話を、とことん、よーく聞いてから、こんどは、自分で話すときは、感情に任せて、早口でしゃべらず、ゆっくり、ハッキリ、静かに。

18

あたたかい人間になる

――かたみとて　何かのこさん

だから良寛は人々に愛されつづけている

天保元年（一八三〇年）、この夏は、雨が、一滴もなかった。

越後は、水不足の大きな被害を受けた。

良寛、七十三歳。胃腸が弱くなって、ぐんと衰えが、加わった。

良寛は、木村家にお世話になっていた。

良寛が病気だと聞くと、あちこちから書の依頼があった。なんとか、生きているうちに、良寛さんの書が、欲しい……と。

良寛は、やっとのことで、床から身を起こして、いまは筆がとれないからと、いちいちていねいな返事を書いている。

年が明けて、天保二年の正月六日、午後四時ごろ、七十四歳にて示《じ》寂《じゃく》。

その一日前、正月五日。

お世話になった木村家のおばあさまに、とくに、読みやすい字で、歌を贈る。

われながら　うれしくもあるか　弥陀仏の
いますみ国に　行くと思へば

超訳する。
「おばあさま。いろいろお世話になりました。これでお別れですが、わたしは、亡くなってから、アミダさまのいらっしゃるお浄土に行くと思っています。ですから、とても、うれしい気持ちです。どうか、ご心配ないように……」

その日の午後、良寛は最後の力をふりしぼって、親しい知人、なつかしい友に、この世の形見にと、何枚も、何枚も、力の尽きるまで、書きつづける。

かたみとて　何かのこさん　春は花
夏ほととぎす　秋はもみぢは

超訳する。

「わたしは、形見としてみなさんにさしあげるものを、なにも持っておりません。でも、どうか、春のさくらの花、夏涼しい山から聞こえてくるほととぎすの声、秋の美しいもみじの葉を、形見と思ってください。さようなら……」

いよいよ、正月六日の午後。夕方四時ごろになると、良寛は、ゆうぜんと床の上に坐って、死を迎えようとした。

最後を見守った良寛の恋人、貞心尼《ていしんに》が、歌の上の句、五・七・五を紙に書いて良寛にわたした。

くるに似て　かへるに似たり　おきつ波

「いまあなたに、向こうの方から死がやってくるようにも思えるし、いまあなたが、もとのいのちのふるさとへ帰っていくようにも思います。あの沖の波のように……」

良寛は、まんじりともせず、この上の句をじーっと眺めていたが、ややあって、下の句の七・七をつける。

あきらかりける　君が言の葉

「あなたの言葉は、さとりに明らかで、すばらしい。お見ごとですよ」


この一行が、良寛の絶筆となった。

良寛は、一生、自然と心を結んで生きた。子供たちとも、手まりをついて、遊びの中で、ういういしい心を結んだ。

たくさんの知人や友人、そして、村人とも、やさしい心で、手をとりあって生活した。父を尊敬し、母をかぎりなく慕い、弟を深く思いやった。

そして、晩年に愛した教え子とも、永遠の愛を、契った。

良寛は、単なる禅僧ではなかった。

自然と一体の心を持ち、謙虚に、たくさんの人と、あたたかく心を結んで生きぬいた、純粋な一日本人であった。

第三章

良寛さんの〝融通無碍な考え方〟のヒント

19

「いのちのエネルギー」に気づく

――ここに珠あり　終古《しゅうこ》よりす

私たちをずっと支えている大きな力

父母未生以前《ふぼみしょういぜん》

三十歳を、やや過ぎたころ、わたしは、老師から、こんな禅問答をいただいた。

「あなたが、父母から生まれる前は、どうだったのか」

という禅問答だ。

えっ。わたしが、二、三歳のころだって、ほとんど、おぼえていないのに……。生まれたときだって、どうだったのか、ぜんぜん、見当がつかないのに……。わたしが、父や母から生まれる前、自分がどうしていたのか……。

ふしぎなもので、禅問答というやつは、師匠からいただいて、あっという間に解けるものと、三カ月坐禅しても、半年坐禅しても、一年たっても、ダメ。いや、三年もかかって、ふと一瞬、ひざをたたいて、「わかった」と、躍りあがって喜んだ禅問答もある。

父母未生以前

この問答は、かんたんには、いかなかった。いつまでたっても、どうしても、答えが、出てこない。そこで正直に、老師の前で、三拝をして、

「老師、どうしても、わかりません」

「そうか、わからないか。これは、むかしから、難しい公案（問答）といわれてきたもんだ。まあ、わかるまで、坐るこっちゃ。もっと、深く、もっと、もっと、深いところをさぐってこい」

わたしは、鼻から出入りする呼吸に、一心に集中した。静かに、静かに、深く、ふかーく、呼吸をととのえていった。まったく、呼吸と一緒になった。安らかに、全身で呼吸の中に入っていった。

一カ月、二カ月、三カ月と、そんな坐禅をつづけていると、ある日の夕方、突然、気づいた。自分が生きているのは、呼吸なんだ。呼吸だけなんだ。生まれてから、今日まで、この呼吸で生きつづけてきたんだ。

母の胎内にいるときも、母の胎盤から、酸素をいただいて、呼吸をして、体をつく

って、生きてきたんだ。

わかった。ならば当然、生まれる前も、呼吸をして、いや、呼吸ではない。吸ったり、吐いたりのエネルギーで、生きてきた。そのエネルギーこそ、わたしで、あった。そのエネルギーが、わたしなら、わたしは、自分のエネルギーで、父母から生まれる前も、生きていた。

ここに珠あり　終古《しゆうこ》よりす
昼夜　光を舒《の》べて　幽微を照らす

良寛は、いう。「わたしの中に、キラキラ輝く宝珠のような生命がある。その生命は、千年前も、万年前も、一億年前も、みんなが、おそれおののくような精力をもって、活動してきた。いま、その精力が、わたしの全身のすみずみに、あまねく光を放って、目には見えない体のかすかなところまで、適切に活動させている」……と。

ああ、名前のある自分も自分。

そして、名前もなく、見えない自分の精力も、自分として生きつづけてきた。

20

余計なものを持たない

——阿《ア》阿《ハ》阿《ハ》　天上人間　知るや　知らずや

「人として生まれて、よかった」

父母未生以前。

この問答が、やっと解けると、老師は、矢つぎ早に、こうきた。

「お前さんの名前は、なんだ」

「さかいの、かつのりです」

「うむ。その名前は、いつもらった？」

「ハイ、生まれて、間もなく、だと思います」

「ああそうか。じゃ、その名前のつく前の自分は、どうだったのか」

「……」

「わからんのか。その名前のつかなかったころの自分を、さがしてこいっ」

と、いうことになった。

すでに三十歳を超えた年齢になって、なぜ、このように、自分の生まれたときに、もどらなくては、ならないのか。

生まれたときどころか、生まれる前のことまで、禅は、なぜ問うのか。

坐禅をくんで、呼吸と、静かに、深く、しんしんと一体になっていると、こんな問答にも、だんだん見方がわかってくる。

ああ、そうか。名前のつかない自分が、いまの自分の中にも、いた。

名前のつかない自分は、母の胎内にいるときも、いた。母の胎内に入るずーっと前、千年も、万年も前にもいたことが、見えてくる。さらに、自分がこの世を去ってからも、名前のない自分のエネルギーは、ずーっといる。

変なことをいうな。そんな迷信みたいなたわ言は、わしゃ聞かん……と、怒る人がいるかもしれない。

当然である。こんなことは、信じなくても、いい。

ただ、わたしという小さな人生の経験のひとこまでいい。

わたしの悟りの経験は、信じられなくても、ぜひ、わかってほしいことは、名前のない自分を、しっかりとつかんだとたん、「わっ。人として生まれて、よかった」と改めて、大感激、大感謝して、大空に向かって、無意識のうちに、大声で、

「ありがとう」

と、いっていたことだ。

「人として生まれて、よかった」

禅は、修行者にそのことを深く体得させるために、生まれる前の自分に目を向ける禅問答を、つきつけてくるのだ。

人は、現在、ここに、こうして、人間として生きていることが、非常に価値のあることであるのを、まったく、知らない。

阿阿阿《アハハ》　天上人間
知るや　知らずや

と、良寛はいう。超訳する。

「いま、自分は、名前のない自分、つまり宇宙の生命と一体となった自分を、悟った。アハハッ。アハハッ。ああ、人生は楽しい。人として生きているだけで、なぜ、悪い。名誉も、地位も、財産も、いらない。ああ、人として生きる……なんとすばらしいことか。わたしの人生の楽しみが、わかるか？　わからないかな……？」

21

「自分以外」になろうとしない

——ただ是れ旧時《きゅうじ》の栄蔵子《えいぞうし》

あなたはずっと、あなたのまま

「なぜ、生まれてきたのか」

きっと、若いころ、だれもが、一度や二度は、ふと考えたことが、あろう。

ただ、軽く、一瞬思っただけの人もいるだろう。妙に、まじめな人は、この問いを、問いつづける。

この疑問は、実は自分が、父と母に産んでもらった、という他律的な考えから、妙なクセのように、生まれてくる。

かつて、わたしも、自分は、父と母の都合で生まれてきたと、思っていた。

父と母が、努力をして、父と母の意思で、わたしが、生まれてきたんだ……と。

が、長い間坐禅の修行をしているうちに、そうではないことがわかってきた。

わたしは、四十代のときも、わたし。十代のときも、わたし。赤ん坊のときも、母の胎内にいたときも、そうして、ふしぎなことに、生まれる前も、わたしだった。

わたしは、ずーっと坐禅をくんできたが、他人に対して、坐禅をくみましょう、と坐禅をすすめたことは、ない。

人にすすめはしないが、わたしが、坐禅によって、自然から、いろいろなことを受けとれたのは、大いに、ふしぎであり、奇特なことであった。

その第一にうれしかったことが、わたしは、生まれる前から、わたしであったことが、ハッキリわかったことだ。

わたしは、父と母から生まれて、わたしになったのではない。父と母から生まれる前から、わたしは、わたしであった。

わたしは、父と母がすっかり気に入って、この父と母にお世話になって、人の世に、人間として生まれることを、一心に願った。その夢が、かなった。

「なぜ、生まれてきたの?」と、疑うことは、おかしい。そうではなかった。「私の願った通り、人間として生まれてこられて、ほんとうによかった」なのだ。

なぜ、という理由は、一つもない。わたしが、人間に、生まれたかったのだ。

尊い人は、なによりも、わたしの希望をかなえてくれた父と母。わたしは、いま、この歳になっても、毎朝、まず、父と母に感謝をささげて、生活を始める。

如今《にょこん》　嶮崖《けんがい》に　手を撒《はな》ちて看《み》るに
ただ是れ旧時《きゅうじ》の　栄蔵子《えいぞうし》

良寛は、二十二歳のとき、故郷の出雲崎をあとにして、岡山県の円通寺で、三十四歳まで、きびしく禅の修行をした。三十三歳のとき、大悟徹底して、師の国仙和尚から、印可《いんか》（悟りの許しの証明）を、受けた。

そのときの詩だ。

「いま、わたしは、けわしいガケから両手を放したように、人間社会一切の価値観から、脱出して、自由自在になった。みなは、よく悟った、偉いもんだというが、わたしは、偉い人になろうなんて、思ったことがない。わたしは、生まれる前から、栄蔵（良寛の幼名）、いまも、栄蔵、死んでからも、栄蔵なのだ。いつまでたっても、もとの栄蔵でしか、ない……」

また、ほかの詩でも、「ただ是れ従来の栄蔵子」といっている。良寛は、いつまでも、元のまんまの栄蔵であった。

22

今日は今日、明日は明日

——昨日　是《ぜ》とせしところ　今日　また非《ひ》なり

「絶対に正しい」なんてありえない

ああ、この人は、すてき。

ああ、この人が、好き。

そう思ったとたん、その人しか見えなくなる。

その人のほかに、実は、もっとすてきな人がいても、ぜんぜん、目の中に入ってこない。

その人のほかに、もっともっと好きになれる人がいたのに、まったく、関心が持てなくなる。

ああ、この考えが、いい。

ああ、この考えが、正しい。

そう思ったとたん、いくら、もっといい考え方があっても、一向に見えなくなる。

人は、好きな人ができると、両側が、まったく見えず、ただ、ひたすら、その人だけを追いかけ、その人だけを、自分のものにしようと、努力をしつづける。

人は、これが正しいと思い始めると、とたんに視野が、狭くなる。そのことだけが正しいと信じ込んで、それを、ふところの中に入れてあたため、しっかり守ろうとする。

声高らかに、それが正しいことだと、主張しつづける。

好きな人ができると、いのちがけで、その人に集中する。それは、若さの特権でもある。また、そのとき、人は成長する。

これが正しいと心底から深く信じ込むと、そこに心棒のようなものが生まれて、急に、しっかりと、充実する。若いときは、自分の考えた正義に、すべてを奉仕することで、発展する。

妙なことだが、十年、二十年と過ぎ去っていくと、なぜ、あんな人が好きだったんだろう、と、とんでもないことを、思うようになる。目前に、もっと、もっと、すてきな人と出会って、とまどう。

いろいろ経験を重ねて、いささか歳を重ねていると、ふとしたとき、「なぜ、若いころ、あんな主義・主張を、絶対に正しいと信じていたのか」と、バカらしくなることも、ある。

良寛は、いう。

昨日　是《ぜ》とせしところ
今日　また非《ひ》なり

「昨日、よいといわれたことが、今日は、悪いといわれる」

そして、つづいて……。

今日　是とせしところ
いずくんぞ昨《きのう》の非に非《あら》ざることを知らん

「今日、みんながいいといっていることは、昨日は、悪いと思われていたことを知らなきゃいかんよ」……と。

23

後悔せず、期待もせず

——神仙《しんせん》も期《ご》すべからず

禅は「前世」にも「死後」にも関心を向けない

坐禅を、くむ。

はじめは、鼻から、出たり入ったりする呼吸を、よーく、観る。

すぅー。すぅーっ。

すぅーすぅー。

観るというよりは、呼吸していることを、深く感じる。

一年、二年、三年ぐらい坐禅をしていたときのことだ。

右手の上に、左手を置いて、丸い輪をつくって、姿勢をピンと張って、アゴを引いて、静かに、静かに呼吸に集中していた。

あれは、なんだろう。

もっと、しっかり、呼吸に集中する。

浮かんできた、なにかが、なんだろう。だんだん、姿になってくる。

「これは、なんだ」

えっ。観音さまでは、ないか？

そうだ。

美しい、美しい観音さまが、わたしの前に、いらっしゃる。

「わーっ。美しい観音さまだっ」

木や、銅や、金でつくった観音さまではない。生身の観音さまが、わたしの目の前に、ハッキリと、出現した。

わたしは、歓喜した。

感激の涙が、あふれた。

やったぁ、と、思った。

わたしは、悟りを開いたと、思った。

独参（一人で老師のところへ参上して、問答すること）のときが、きた。

わたしは、カーン、カーンと鐘をたたいて、老師の部屋へ、飛び込んだ。

「ろーしーっ。悟りました」

わたしは、大声で呼んだ。

「なにを、悟った？」

「ハイ、坐禅中、美しい観音さまを、ハッキリ見ました」

そう申し上げると、老師は、一喝して、

「寝ぼけたことを、いうなっ」

と、タンケイ（短い枝の棒）をふって、わたしを打つ。

「禅では、それを魔境《まきょう》というんだ。そんなものは、頭のいたずらだ。そんなものを大事にしては、ならんっ」……と。

神仙《しんせん》も　期《ご》すべからず

良寛はいう。

「坐禅をしているときに、ふしぎな恵みや威力を持った神や、超能力を持った仙人、または絵に描いたような観音さまを期待したり、望んだりしてはいけない」……と。

禅は、「前世」にも、「死後の世界」にも関心を持たない。

「霊」にも、「魂」にも、一切、関心を持たない。

24

ゆうぜんと暮らす

――月と花とに余生を送る

わたしが経験した"魔境"

あるとき、もちろん、坐禅をしているとき……。

こんな、快い魔境を、見た。

が、これも、老師に、叱られた。

「魔境」という言葉は、あまり普通の生活では、使わない。

魔とは、人に害を与える魔物、また、ふしぎな力で、人を迷わせるもの、というような意味である。

うっとりと、坐禅をしている。

すると、目の前に、すーっと、お地蔵さんが、現れる。

ふしぎなことだが、ほんとうに、ハッキリ見える。

そのお地蔵さんが、坐っているわたしに、静かに合掌して、おがんでくれる。

わたしは、じーっと、坐っている。

すると、お地蔵さんが合掌しながら、左の方へまわり始める。

と、また一人、お地蔵さんが、現れる。

まったく、同じように、わたしに合掌してから、左へ……。

また、つぎが、現れて、同じしぐさをして、左へ……。

三人、四人、五人……。

およそ八人のお地蔵さんが、坐禅をしているまわりを、合掌しながら、ぐるりと、まわって静かに歩いている。

まあ、なんと、まぶしいほど、キラキラ光った、ありがたい光景であろうか。

わたしは、そのときは、ああ、これは、「魔境」なんだなと、ハッキリとわかっていた。

が、この現象は、そのまま、そっくり老師に、ご報告した。

老師は、そのとき、こうおっしゃった。

「ああ、そうか。それはな、この前もいった通り、魔境というやつだ。ちょっと、長い間坐禅をくんでいる者は、ときどき、そんな体験をするもんだ。夜寝ているときに、夢を見るだろう。その夢を、昼間見るようなものだ」

なるほど、昼間でも、坐禅をしてすやすや寝ているような状態のとき、ありもしないものを、夢みたいに見るものなのか……と、思った。

老師は、つづけて、こうおっしゃった。

「魔境にも、いろいろあってな、お前さんみたいに、観音さまや、お地蔵さんを見る人もいれば、動物や花を見る者もいるんだね。ただ、お前さんのように、仏さまみたいな尊い姿を見ると、それをすごく大切に思って、守護神を見たとか、守護霊を見たとか、やかましいことになるんだ。それが、お前さんの悟りを、迷わすことになる。魔境を見たときは、ポカーンと口を大きく開いて、上を見て、深い呼吸を二、三回すれば、消えるよ。とにかく、そんなことを大事にするのは、大いに危険で、すごく害があると、しっかりと、胸にきざんで、ゆうぜんと坐るように……」

月と花とに余生を送る

良寛は、守護神とか、守護霊を胸に抱いて生きなかった。

多くの人が、普通に喜ぶ、美しい月と、かれんな花と一緒に、余生を送った。

25

「欲」から一歩離れる

——山水と倶《とも》に隣《となり》をなす

それぞれ違う「魔境」が見える理由

宮川さんの魔境は、面白かった。
本人は、面白いとは、いわなかった。
しきりに、ふしぎだ、ふしぎなこともあるもんだと、首をかしげていた。
宮川さんは、外務省にお勤めの、まじめな役人さんだった。
当時、わたしは二十七歳ごろ、宮川さんは、五十歳を少し超えていた。
宮川さんは、いつも、わたしの隣で、坐禅をしていた。
呼吸に集中して、静かで安らかな坐禅をしていると、隣の宮川さんが、
「境野さん、出てきた。出てきた」
と、ささやくように、いう。
いったい、なにが、出てくるのか？
休みのとき、廊下に座っていた宮川さんに、
「宮川さん、いったい、なにが出てくるんですか」

「それがね。とても、ふしぎでわからないんだが……」

と、宮川さんが話した魔境は、こうだ。

宮川さんが、坐禅をしていると、女性が、すーっと、現れてくる。

それも、平安時代の女性で、まず、大きな笠をとって、にっこりとほほえんでから、一枚一枚着物をぬいでいく。

そのうち、すっかり裸になって、くるりと背中を向けて、歩き去る……。

「境野さん。わたしは、いままで、まじめ一本で生活してきた。みだらな女性関係など、ひとつもないのに、どうして、こういう見てはいけないものばかり、いつも見るんでしょうね」

まじめな宮川さんは、いかにも、自分がとても悪いことでもしたかのように、うなだれていた。

「宮川さん。老師に申し上げて、相談したらいいんじゃないですか」

「いや、ダメですよ。こんな話は、とてもじゃないけど、老師には、いえない」

なるほど、そうかも、しれない。

宮川さんは、そののちも、引きつづけて、その魔境に出合っていたらしい。

やっと、一週間の坐禅会が、終わって、お別れの座談会となった。老師もご一緒いただいて、なごやかな、ひとときとなった。

中ごろになった。話が、いよいよ盛り上がったころ、「ハイッ」といって、宮川さんが、手をあげた。そうして、かれは、かれが見た魔境のことを、突然、老師に申し上げ、

「老師、わたしは、どうして、こんな魔境を見るんですか?」

といった。

老師は、ひざをたたいて、笑った。

「ああ、そうか。お前さんは、そんな魔境を見たのか。それはな、お前さんが、それが好きだからなんだ。アッハッハ……」

山水と倶《とも》に隣《となり》をなす

良寛は、山や水を隣の人のようにして、いつも、自然と心をつないで、暮らした。

良寛の胸には、霊・魂・前世・死後の世は、ひとかけらも、ない。

26

「なりたい姿」を想う

——心水　何《なん》ぞ澄々《ちょうちょう》たる

「自分の手と、仏さんの手と、どっちが尊いか?」

自分が、ほんとうに、なりたい人とは、どんな自分であろうか。

心の底から、自分が、ほんとうに「なりたい自分」の姿。

わたしは、大学を出てから、就職して五、六年たっても、自分のほんとうの姿を描けなかった。

やっぱり、自分は、いつもいつも、他人や、世間の価値観に縛られて、そこから、逃げ出せなかった。

あるとき、先輩からすすめられて、三島の龍沢寺で、坐禅をくむことになった。

坐禅は、いたくて、つらくて、面白くなかった。が、禅の問答をもらって、それを解き始めるようになってから、いつの間にか、熱っぽくなってしまった。

なぜだろう?

たとえば、禅問答とは、こうだ。

「わが手、仏手といずれ?」

と、ある。

自分の手と、仏さまの手と、どっちが尊いか？

という質問だ。

「仏さまの手の方が、尊い」

と答えると、ピシャリッと打たれる。

なるほど、じゃ、

「自分の手の方が、尊い」

と答えると、

「なんじゃっ。お前の手の方が尊いかっ」

と、もっと強く、打たれる。

どっちが、尊い。

あっちが、尊い。

違う。こっちの方が、尊い。

あっちか、こっちか、どっちかに決めないといけない……。これが、世間の価値観
である。そこに縛られているうちは、解答は、出てこない。

一心に坐禅をくんでいると、世間の考え方から脱出してくる。そのうち、だんだんと、自分自身の新鮮な考え方が、腹の底から浮かんでくる。つまり……。

「どっちが尊くても、いいじゃないか」

と……。そこから、自分だけの適切な言葉が、自然発生する。

すると、老師は、

「よしっ」

と、ニッコリ笑って、くれる。

心水　何《なん》ぞ澄々《ちようちよう》たる

良寛は、いう。

「わたしの心の本源は、なんと澄みわたって、ひろびろとしていることか」……と。

良寛は、いつも、その澄みきった自分の心で感じ、ひろびろとした自分の心で考え、そして、自分で、ほんとうの自分を発見しながら、生涯を生きぬいた。

27

「自分」を強く持つ

——仏是れ自心の作

他人も世間も気にしない

若かったころのわたし……。

気が弱くて、自分の考えを主張できない、社会性のないダメなわたし。

友だちとは、けっこう、議論などして、自分の考えをいえても、いざ、大事なこととなると、本音が、ぜんぜん、まったく、いえない。

まったく、遠慮のかたまりに、なる。

結局、しぶしぶ、相手のいう通りになってしまう。

「それは、違うと思います」

「いや、わたしは、そうは思っていません」

そういうことが、ちょっぴりでもいえたらいいのに……。

いまの「自分」が、とても、イヤだった。

いつも、自分の性格が、自分でイヤだったのだ。

龍沢寺の山本玄峰老師は、はじめて坐禅したわたしに、

「坐禅のときは、他人や社会にがんじがらめになっている自分を、そこから、解き放ち、脱出しなさい。それを解脱という。それを、悟りという。坐禅は、禅宗坊主の修行ではない。お前さんが、ほんとうのお前さんを発見するお前さんの修行だ」

と、お教えくださった。

それまで、わたしは、わたしが他人や社会にがんじがらめになっているなんて、思ったことは、なかった。

静かに、ゆったりと、坐禅をしている。

そのうち、面白いことが、わかってきた。

「気が弱くて、自己主張ができないダメな人間」

それは、だれが、そう思っているのか。

自分が、そう思っている。

いつから、そう思ったのか。幼いときから、そう思っていたのか。

そうじゃない。

じゃ、いつから？

学校の先生や、先輩や、近所の人からの評価を気にし始めてからではなかったか。

そうだ。

自分を、他人の目で見て、自分の性格を勝手にダメだと思っていただけのことだ。

「自己主張が、できない」

からといって、

「ダメ人間じゃない」

「自己主張が、できない人」は、人の意見をよく受け入れる、寛大な人ではなかったのか。そうだ。オレは、すばらしい。

そのときから、自分のマイナスは、プラスになった。

良寛は、いう。

仏是れ自心の作

「仏（本来の自由自在の自分）をつくるには、他人の目から見た一切の評価を断ちきって、自分になりきって、自分らしく、自分で生きていくことだ」……と。

28

「評価」に右往左往しない

——従来仮らず　琢磨の功を

「自分に自信がないから、相手を倒そうと懸命になるんだ」

急に、議論が、好きになった！

高校生のころからだった。大学に入っても、しょっちゅう、むなしい理屈ばかりこねて、得意気だった。ひとたび、理屈をいい始めると、けっして負けたりしなかった。

とことん、相手を、やっつけた。

自分でも、なぜ、こんなに理屈をこね、相手をやっつけるように、ガンガン打ちつけてしまうのか？

わからなかった。

転職をした。

職員会議のとき、気にくわない意見があると、ほとんど猛獣のように襲いかかって、相手を黙らせた。

そして、いつでも、

「オレの意見は、正しい」

「オレの考え方は、絶対だ」

と、心の底から、思っていた。

みんなは、原子爆弾だ！　といっていた。しかも、いつ、どこへ落ちるかわからないから、こわいよねと、冷笑されていた。

ある日の午後。

図書室で本を読んでいた。後ろから、やさしく、ポンと肩をたたかれた。かつては、徳川家の名家の先生で、静かな老人で、日ごろから尊敬している先生だ。

「きみね。銀座のまん中で、日本刀をふりまわしては、いけないよ」

と、ニッコリと笑われた。

わたしは、どうして、相手を倒そうとばかりしてしまうのか。坐禅会のとき、老師にお尋ねした。

「それはな。お前さんは、自分に自信がないから、自分がやられる前に、相手を倒そうと懸命になるんだ。いい子ではないのにいい子ぶっている。まわりばかり気にしている。お前さんの体の中には、いいとか、悪いとかいわれても、平気な大自然の生命がある。自分を外から認められて、心の安心を得ようとしては、ダメだ。自分の内にある不変不動の生命に気がついて、はじめて、絶対の安心が手に入るよ」

わかった！

自分は、弱虫なんだ。人からダメなヤツだといわれるのが、おそろしいから、ダメといわれる前に、相手をダメにしたかった。

良寛はいう。

　また太《はなは》だ奇なり　また太だ奇なり
　従来仮らず　琢磨の功を

超訳する。

「ほんとうの価値は、自分の外にはない。どの人の価値も、自分の体の中にある大自然のすばらしい生命の働きだ。たとえば、呼吸。呼吸は、朝も、昼も、夜も、むかしも、いまも、なんの努力や工夫をしないでも、相変わらず、きちんと活動している。この肉体の中にある自然の働きの尊さを知れば、他人の評価の影響なし！　自分の体内に、本来の尊い生命を見つけて、自立せよ」

29

もっと〝ふまじめ〟になる

――酔後　払却す　数行の書

良寛は大いにお酒を飲み、楽しんだ

「この薬は、かならず飲みきってください」

「ハイ、わかりました」

といっても、その薬を飲みきったことは、ない。

わたしは、まじめな人では、ない。

わたしは、ちょいワルだ。

お勤めしているときも、

「実は、昨日、祖母が亡くなりましたので……」

「おととい、仙台のいとこが亡くなりましたので……」

親戚、友人が、つぎつぎあの世へ行って、休ませてもらって疲れをとった。

まじめな先生は、そんなことは、一切していなかった。

ふまじめなわたしは、そんなちょっと悪いことをすると、明日からは、急にまじめに仕事ができる。困ったことだ！

とは思うものの、このちょいワルな性格を、なんとか直そうとは、思わない。

湘南の海岸を一直線に延びる「西湘バイパス」……。

右に、箱根の山が、つらなる。いくつもそびえ立つ峰に、夕焼け雲が、まっ赤に染まる。奥に、雪をのせた富士。世界遺産の美しさ。左は、大手を広げたコバルトブルーの太平洋。白波がつぎからつぎへ追いかけるように、砂にくだける……。

西湘バイパスは、おそらく、日本一の光景。そのなかを、走る。

制限速度、時速七十キロ。ゲーッ。ちょっと待った。いま「高速道路」の料金を払ってきたのに、この直線のすばらしいコースを七十キロで、ノロノロ走れというのか！

前に、車が、一台も走っていない。

無意識に、右足がアクセルを踏み込む。若いころ乗った車とは、天と地。いまの車は走りの感覚がいい。静かだ。力がモリモリある。なんキロ出しているのか。そんなことは頭にない。スーッと、突っ走る。

一分ぐらいのちょいワルだ。が、そのときに、腹の底から、胸をワクワクさせるエネルギーが、湧き立ってくる。

七十キロといわれて、それをじーっと我慢して、ハンドルをまじめに握っていたのでは、家に帰って、原稿を書く気に、どうしても、なれない。気ままなヤツだ。まじめで、いい人。

結構なこと。でもわたしには、どうしても、それはできない。

わたしは、気ままで、楽天的で、ふまじめなところがある。ただし、まじめな人より、人生が、ぐんと、楽しい。

児童を喚取して　村酒を賒《か》い
酔後　払却す　数行の書

「良寛さん。遊ぼう……」

「ハイ、ハイ。今日は、遊ぶ前に、村の酒屋さんで、酒を買ってきておくれ」

良寛は、村の子供たちに、酒を買ってきてもらった。禅僧には「山門の中に酒は入れない」、つまり、酒を飲んではいけない決まりがある。

が、良寛は、酒を飲む楽しみは、失わなかった。酒を飲んでときめいてから、筆をとって、後世に残る作品を生んだ。

第四章

良寛さんの〝日々たくましく生きる〟極意

30

「家族」を大切にする

——たらちねの　母がかたみと　朝夕に
佐渡の島べを　うら見つるかも

あなたを産んでくれたのはだれか

ときどき、母親が、こんな話を、なされている。

「この子が、わたしのお腹の中にいて、ちょっと、動いたりしているときは、『ああ、わたしの子供が産まれる』、そう思っていたのね。ところが、いざ、この子が、この世に出てくる一瞬、『いや、わたしの子供ではない。なにか、大きな自然の力を借りて、見知らない子供が、自分の力で産まれた……』。一瞬だったけど、そんなふしぎな気持ちになったわ」

「わたしは、無我夢中で、そんなことは、てんで思わなかったわ」

そう答えていらっしゃる方が、多い。ところが、

「わたしも、なんか、自分の子供じゃないように感じたわ」

こう答える母親が、けっこう、おみえになる。

もう、四十年も前から、文学講座の勉強をしていると、みなさんが、こんな話をしているのに出合うのが、貴重な体験だ。

母親のみなさんが、

「一人の子供を、無事に産むのは、いのちがけなのよ。先生は、わかってるの?」

と、きびしく、いわれる。が、そのいのちがけのお産という体験の中で、自分の子ではなく、自然の子を産んだ……という一瞬の体験には、頭が下がる。

それと、ぴったりと同じ体験ではなかったかもしれないが、わたしも、わたしなりに、自分自身が、父と母のお世話をいただいて、自分が自分でこの人の世に生まれてきたことを、坐禅で悟った。

若いころ、もっと偉大なる父親に恵まれれば、よかったのに……。

もっと、もっと、やさしい品のいい母親の子供だったらよかったのに……。

そんなことばっかり思いつづけて、見栄を張っては悩んだことも、あった。

が、「父母未生以前」の禅問答をいただいて坐禅中、父と母から生まれる前も、自分だった……と、はっきりわかってから、父母に対する考えも、変わった。

父と母に、文句をつけては、いけなかった。あの父と、この母を選んだのは、このわたしであった。父と、とくに、母がこの世にいなかったら、いま、生きていない。

たらちねの　母がかたみと　朝夕に
　佐渡の島べを　うら見つるかも

良寛の母、秀子さんは、四十九歳で、この世を去った。そのとき良寛は、二十六歳。故郷出雲崎を遠く離れた、岡山県の玉島で修行のまっ最中の不幸であった。遠方でもあり、飛んで帰りたいものの、それができず、かれは、涙を流しながら、修行に打ち込んだ。

「ああ、佐渡島が、かすんで見える。わたしを産んでくれた母の故郷だ。お母さん。ただいま、帰ってきました。明日からは、朝と夕に、かならずこの海岸に立って、お母さんの形見だと思って、佐渡を見つづけてお祈りしますよ」

後年、良寛が故郷にもどったとき、まず、出雲崎の海岸に走った。荒波くだける日本海。その彼方に、佐渡島が、浮かんでいる。佐渡島は、母の生まれた懐かしい島であった。

良寛は、朝夕、毎日砂浜に立って、母の佐渡を拝んで、胸をふるわせた。

31

「老い」に逆らわない

――国上の山の　森の下かげ

上手に年をとる人の「心の支度」

人は、悩みにつきそわれて、生きていく。人生には、悩みが、いつも仲良く、くっついている。

自分の進路の悩み。けっこうじゃないか。そこに、夢も希望も、湧き立つ。

恋の悩み。まあ、なんとぜいたくな悩みか。そこには、男と女の歓喜の歌が、聞こえてくる。

ところが、いささか年をとってくると、妙な悩みに、苦しむ。

自分は、懸命に努力を重ねて、胸を張って、希望の通りの進路を歩いてきた。

勉強の障りになると、恋愛に深入りすることは、避けた。

子供の教育は、一切妻に任せて、会社の仕事に打ち込んだ。収入も地位も得た。

こうしてまじめ一本で生きてきたのに、なぜか、人生が立ち行かなくなる。生きる情熱が、うすれてくる。

「わたしは、いままで、きちんとまじめにやってきたのに……」

いままで、人に頼まれた仕事は、一度だって断ったことはない。

また、いくらつらくても、自分の仕事を人に頼んだことはない。

だから、極端に友人との関係もよかったのに、気がついたら、いつの間にか、友と話すのも、イヤになっている。

友だけでは、ない。妻に対しても、文句が出る。

「オレがこんなにまじめに働いているのに、ありがとうの一言もいわない」

と、妻を激しく責め立てたくなる。

「感謝の仕方もろくにわからん妻が育てた子だから、オレに対して、ありがとうといえる子は、一人も、おらん。勝手に文句ばかり、いい合っている」

と、今後は、子供たちまで、憎たらしくなってくる。

若いころの悩みは、「進路」とか「恋」とか、そこになんらかの原因があった。

が、こんな悩みが迫ってくる原因？　なんのために、なぜ、悩んでいるのであろうか。まったく、自分ではわからなくなる。が、その原因は、実は老いなのだ。

良寛は、五合庵で、十八年生活した。

五合庵は、国上山《くがみやま》の中腹にあった。ふもとの村から、赤谷川の急流を右の下に眺めながら、うっそうとした杉の林に入り、ごろごろした石ころと、でこぼこの岩の道を、あえぎあえぎして、三十分ほど登っていく。

良寛は、このけわしい所で、たった一人で生活した。が、五十九歳になって、老いが迫り、もうこれ以上、生きていくことさえ、おっくうになった。

良寛は、いくたびか、生きるか死ぬか、迷っていた。とくに冬になると、食べものがなくなった。深い雪の道を登り下りして、村へほどこしを受けに行けない。

ついに、下山。国上村の乙子《おとご》神社の空き家に入った。

いざここに　わが身は老いむ　あしびきの

国上の山の　森の下かげ

さあ、ここで老いていこう。でも、ここも国上山の美しい森の下だ。

良寛は、山に生きた。森に生きた。花に生きた。そして、月と雪と生きた。あまりにも長いひとりぼっちの立ち行かない老いの生活は、人に頼らず、自然を友として、一すじの光を放っていた。

32

孤独を乗り越える

――ただ面壁《めんぺき》のみ

さびしい、つらい、かなしい……そんなときは

彼女は、一人っ子だった。

不幸なことに、幼いころ、両親を病気で亡くした。

しかし、まことに幸いなことは、母方の祖父が、やさしく、あたたかい人であった。

祖母が、早く亡くなったので、ふたり暮らしが、始まった。

彼女は、独身のまま、四十代を迎えた。

そのころ、祖父は、九十代に入って、寝込むことが、多くなった。

彼女は、いままで、こうして一人前の生活ができるようになったのは、この祖父のおかげである、と、動けなくなった祖父を朝も、夕も、まごころ込めてお世話をした。

彼女は、会社の正社員として、つねに、まわりから期待され、大切にもてなされ、収入も、多かった。が、アメリカで起こった事件のあおりを受けて、急に業績が悪くなって、とうとう会社がつぶれてしまった。

退職後、彼女は、パートの仕事で生活の資金をかせごうと、した。労働の時間が、

増えた。収入は、グンと減った。

祖父は、ますます、動けなくなった。

彼女は、収入が減ったぶん、笑顔とやさしさで、けなげに、祖父のお世話をした。

生活は、ますます苦しくなった。一人でも、食べていけないようになった。

でも、祖父の面倒を、一心につづけた。

祖父は、認知症をわずらい始めた。とたんに、彼女が、だれかさえわからなくなった。どこからともなく大波が打ち寄せるような、孤独の不安とかなしみに襲われた。

ある日、静かにねむっている祖父を見ながら自殺しようとしている自分に気がついて、ハッとした。こんな孤独の重病になったとき、いったいどうしたらいいのか。

良寛の一首。

深山《みやま》びの　雪降りつもる　夕ぐれは
　わが心さへ　消《け》ぬべく思ほゆ

「くる日もくる日も、雪また雪。この深山に、しんしんと雪が一日中降りつもって、夕方になる。心が深刻な孤独に襲われ、いまにも死にそうになる」

山の小さな五合庵の冬には、毎日が、氷づけになる。そのときの、良寛の漢詩。

千峰《せんぽう》　凍雪《とうせつ》　合《がっ》し
万径《ばんけい》　人跡　絶《た》ゆ
毎日　ただ面壁《めんぺき》のみ
ときに聞く　窓に灑《そそ》ぐ雪

「山の峰という峰は、雪が凍りついている。どこの山の道にも、歩いている人は、だあれもいない。わたしは、毎日ただ、ひたすら坐禅をくんでいる。ときどき、窓に吹きつける雪の音が、聞こえる」

ひとりぼっちのさびしさ、つらさ、かなしさ。死にたくなるような一瞬。そんなとき、良寛は、坐禅に打ち込み祈りつづけて、自分をたくましくつくりあげていった。

33

「自分の考え」をしっかり持つ

――いよいよ出だせば　いよいよ非なり

だれかの受け売りだけではつまらない

「朝ドラ、見た？」

「うん。見ている。面白いわね」

「あのさ、今朝のかれ、あいつ、だれと結婚するんだろうね」

「銀行に勤めている彼女かしら？」

「いや、違うと思うわ」

「じゃ、あの大学生のお嬢さんかしら？」

「うん。そうね。きっと、彼女だわっ」

と、会話は、グングン燃えさかる。

たとえば、政界の話に移っても、昨日、今日、テレビで見た通りのことを、あたかも、自分で調べた自分の意見のように、堂々と、しゃべくりまわす。

雑誌で読んだこと、インターネットで調べたこと……。みんなそれに沿って、自分の考えをまとめ、いつの間にか、自分の考えとして、自分の人生をつくりあげていく。

そうしていくうちに、自分が若いうちに望んだ理想は、どんどん置き去りにされて、遠くの方へ、逃げていく。

そして、ただひたすら、テレビ、新聞、雑誌、インターネットの思惑通りにしゃべって生きることが、いちばん幸せだと、すっかり、思い込んでしまっている。

が、しかし、そこに、自分自身は、まったく、ない。

そして、いつの間にか、自分のほんとうの考えを、引き出せなくなる。

自分をそっちのけで、朝から晩まで、ひたすら、まわりの情報に引きずられ、それをしゃべくりまわして、老いを迎える。

あっ、自分がない。あっ、自分の人生が、なかった。あっ、しまった。自分を見失って生きてきた。と、晩年、ハッキリと、その失敗に気がつくぐらい、おそろしいことはない。が……。もう、どうにも、ならない。

良寛はいう。

言語は　常に出しやすく
理行は　常に虧《か》きやすし

超訳する。

「まわりからもらった言葉で、人はいくらでもしゃべれる。だが、そのときその場にふさわしい行動を、ピッタリうまくとることは、なかなかできない」

なにをいったか、それは仮の自分。なにをしたか、そこに、自分がいる。

いよいよ出だせば　いよいよ非なり
油を潑《そそ》ぎて　火聚《かじゅ》を救う

超訳する。

「軽い言葉で、ペラペラしゃべりつづけると、まずいことが、どこかに起こる。言葉の乱発。それは、油をじゃんじゃんまいて、火を消そうとするようなもの。

発言をちょっとひかえ沈黙を守ると、ぐっすり寝ていた自分の心の目が、パッと開く。すると、だんだん、あなただけのすばらしい自分が、見えてくる」

34

「平和」を育てる

——何《いず》れの日にか　これ歇頭《かっとう》

「この世界に住む人は、なんと、いたましいことか」

中学一年のとき。

一時間目の終わりごろ……。

「ウーッ。ウーッ。ウーッ」

アメリカのＢ29の襲来をつげる、「空襲」のサイレンだ。

「わーっ」

生徒は、いっせいに、立ちあがった。

「すぐ、帰宅せよ。グズグズしてると、やられるぞっ」

と、先生が、大声で、どなった。

空襲になると、交通機関は、オールストップ。

みんな一列に並んで、鉄道の線路のジャリ道を、ひた走った。

一つ目のトンネルをぬけたとき、もう、Ｂ29の大編隊が、空を埋め尽くしていた。

ザザザーッ。ザザザーッ。

大雨のように、焼《しょう》い弾《だん》が降ってきて、あちこちの屋根に突き刺さった。

ぶつぶつぶっ。

と音をハッキリ立てて、突き刺さったとたん、ばあっと、でっかく燃えあがった。

「トンネルの中へ、もどれっ」

中二の先輩が、手をふって、呼んだ。

みんなは、転げ落ちるように、つっ走って、トンネルに逃げた。

トンネルの入り口、出口が、まっ赤の火の海となった。だれもが、ここで、死ぬ。

そう、思った。

夕方、幸いなことに、出口の方の火が、静かになった。焼け跡をあっち、こっちと避けて、帰宅したのは、夜半だった。

ぐわん、ぐわん熱くて、おそろしい一夜も、平和な太陽の光で、明けた。

翌日、登校。学校は、講堂を残して、あとかたもなく、焼け落ちていた。

帰り道。一面の焼け野原が、くすぶっていた。友だちが、二人。まっ黒のかたまりになって、まだ、ほのかに燃えていた。

隣国からミサイルが、飛んでくるかもしれない。だから、防衛力を強大にして、国民のいのちを守る。しかし、現実にドンと打ち込んできたら、戦争するしかない。そのとき、戦争することを、いつの間にかみんなで認めようとする。危ない。アブナイ。そこが、あぶない。

戦争は、もう、絶対にしてはいけない。どんな無礼があっても、胸を張らずに、とことん話し合って、おたがいに、平和を育てる工夫をする。戦争だけは、ダメだ。

痛ましいかな　三界《さんがい》の客
何《いず》れの日にか　これ歇頭《かっとう》
逢夜　つらつら思惟《しい》すれば
涙下りて　収むるあたわず

良寛はいう。

「ああ、この世界に住む人は、なんと、いたましいことか。いつになったら、争いが止められるのか。わたしは、夜っぴいてそのことを思いつづけると、涙がとめどなく流れて、心がふるえて苦しい」……と。

35

心を豊かにする

——名実　相関せず

金持ちの不幸、貧乏人の幸福

みんなが、わたしを、バカだと、いった。

あのころ、わたしは、自身のことを、バカだとは、思っていなかった。

でも、いまあのころを、ゆったりとふり返ってみると、バカどころか、大バカ。

ちょうど、四十歳。有名高校を退職して、こころの塾を、創設した。

なんのことはない、古くて大きなつぶれかけた家をお借りして、ちっぽけな私塾を、安っぽい夢を見ているように、開塾。

当時は、受験戦争のまっただ中。生徒さんが、集まらない。「こころの塾」。けっこうだわね。だけどねぇ、時代に合わないでしょう。というご意見ばかり……。

二百七十五万円の退職金も、あっ！　という間になくなった。近所の信用金庫さんから、金を借りる。それも、家賃で、どんどん、減る。腹も、減る。絶望！

唯一、足をけって、飛びあがって喜んだのは、ありあまる「時間」の宝庫。毎日、毎日、豊かなひまなときを、ゆったりと川の上をすべるように、生きられた。

学校で先生をしているとき、山がくずれるくらいたくさんの本を買った。

その本を、一冊ずつ、ていねいに、読みふけった。一方では……。

早朝も、夕方も、月が中天にあるように、気のすむまで、腹をすえて、坐禅。

食べるのは、恥ずかしくて人にいえないお粗末なご定食。しかも、二食……。

が、文句はない。読書も坐禅も、いささか空腹の方が、頭の中は微笑んでいる。

いま、考える。

あのころは、顔がカーッと照るくらい、恥ずかしい生活をしていたが、時間が豊かに手のひらにあって、読書して、坐禅もふんだんにくめて、仕事もしないで、のんびりと、自由で、一生のうち、いちばん充実した自分を生きた……と、懐かしい。

数年後。こころの塾は、貧つづき。ただ、天の助け、教育講演の仕事が舞い込んだ。

小学校、中学校、高校、大学と、休む日がないくらい、殺到。

いよいよカラカラに渇いたのどがうるおった待望の経済生活！　これで、完璧！

が、その豊かさの中で、わたしは、なぜだか、イライラし始めた。

汗をかいて、懸命に仕事をこなしているうちに、大木のような根深い疲労が、体の奥の方に、現れてきたのだろう。

体の中から、不安な心、いらだちの心が、どことなくただよってきて、苦しい。わたしは、夕方、仕事から帰ると、海へ走った。そして、両手を広げ、「バカヤローッ」と、叫んでイライラを吹き飛ばした。なぜそうしたか、まったく、わからない。

名実　相関せず

と良寛はいう。超訳する。

「人は、経済的に豊かになれば、現実の生活が、安らかに、幸福になるものと思っている。実際は、そうではない。人は経済的にいい状態になればなるほど、気が落ちつかず、イライラしたり、不安が激しさを増してくる。貧しいと、生活は不便だ。が、貧しさに心が折れなければ、心はビンと強く、元気とやる気が出る」

「貧困は、けっして、恥ではない」

良寛は、自分を充実させる修行は、貧困のときにあり、自分の安らかな心が、パーンと破れるのは、むしろ、経済的に豊かになったときだと、一生をかけて教える。

36

考える前にまず動いてみる

――吾れもまた　人を知らず

心配ばかりしていても仕方がない

朝起きると、体が、重い。手を動かすだけでも、だるい。

元気で、楽しくやっているつもりなのに、体が、なかなか起きあがれない。

ああ、こうして老いていくのか……。老いたくない！

ああ、いつか、病気になってしまうのか……。いや、病気にだけは、なりたくない！

そうは思っても、まわりの人も、どんどん老いてくる。あの人も、この人も、入院したと、いう。

やっぱり、忍び寄ってくる「老い」には、勝てないか？

受け入れるしかないか！

いつまでも、いつまでも、元気でいたい。といっても、いくら健康に気をつけている人だって、高齢になると、あれこれ体が弱ってきて、体の調子が、くずれる。

やっぱり、調子よく元気で、生涯現役のまま〝ぽっくり〟なんていうわけには、いかないか！

いまは、元気だ。でも、「老いたくない」「病気になりたくない」という願いは、捨てよう。「老い」と「病気」は、快く受け入れる自分になろう。

うむ。ところが、どうにかして、認知症だけは、避けたい！

そうだ。なんとかして、認知症にならない方法を、だれかに教わろう。

ある日、友人の医師に、その方法を、尋ねた。

「きみね。人は生まれるときは、ボケているんだ。ボケてないと、空気のないところに生きてたものが、一瞬のうちに、オギャーと声を張りあげて、空気のある世界になんか飛び出すことはできないんだ。あれこれ、シッカリ考えて、空気のあるところと、空気のないところの環境分析などしていたら、とてもおそろしくて、生まれてこられないんだ」

といって、友人は、こうつづける。

「死ぬときも、生きているときと、まったく違う、まったく、わからないまっ暗な世界へ行くんだ。いつまでも、頭がハッキリしているよりは、ボケた方が、楽なんだよ。ボケると、恐怖心がなくなるからね」

といって、笑っていた。

吾れもまた　人を知らず
人もまた　吾れを知らず

と良寛はいう。

超訳する。

「この友人が、病気になるか、ボケないか、または、ボケるか。わたしは、まったく、推しはかることができない。逆に、友人が、わたしがどんな病気をするのか、ボケるのか、ボケないのか。推量することは、まったくできない」


老いる。病気になる。ボケる。

これは、自然の現象であって、そうならないように、いくら心配しても、いくら考えても、どうにもしようが、ない。

たとえ、年をとって、ボケて、いっさいの記憶を失っても、女性がいのちがけで子供を産み、夫婦で力を合わせて自然の生命を育てた功績は、帳消しにはならぬ。

37

「逃げ場」を持つ

――一回書き了《おわ》りて　また一回

逃げ場には、トキメキと発見がある

高等学校で働いて、十五年たったころ、生徒さんが、いった。

「この学校で、いちばん、やさしい先生は、サカイノ先生。怒ったことがない」

そして、もう、一つ。

「この学校で、いちばん、こわい先生は、サカイノ先生。もし怒ったらすごい」

こういわれたからといって、わたしが、ほかの先生とくらべて、どこか、すぐれていた……。そんなことではない。

ただ、自分だけの小さい世界で、生徒さんから、こういわれるようになったのは、すごく、うれしかった。

なぜか？

青年時代、わたしは、いつでも、どこでも、つまらないことに、すぐ、イライラ怒って、感情的ないい方で、友だちを責め立てていた。

あんなに、かたく約束していたのに、それを気軽にふいにされると、予定が狂ってしまい、とっさに腹が、立った。

「きみ、それはないだろう」

「でも、いろいろ考えたんだけど、やっぱり、ぼくは、やめたいんだ」

「ちょっと、待った。いろいろ考えたというけれど、あのときだって、二人で、あんなに考えたすえ、きみの方から提案して、それに従って約束したんだろう」

「……」

「なぜ、黙っているんだ。なんとか、返事をしたらどうだ。できないだろう！　きみって、そういう男だったんだ。見そこなったよ！」

パチと電話を切って、ムカッとする。

ひとたび、「怒り」という感情が湧き立つと、頭にカチンときて、不愉快な気分にブンブンふりまわされる。

一度ムカッとすると、いつまでも、気持ちを切りかえることが、難しい。

二十二歳の冬。わたしは、幸運にも、坐禅を知った。あくまで、わたし個人にとっては、坐禅は聖友だった。

ムカついたときは、いささか長い時間、静かに坐禅して、気持ちを落ちつかせた。

すると、どこからかわからないが、こんな言葉が、浮かびあがってきた。

「お前は、ほんとうにバカなヤツだ。どうでもいいことで、頭にきて、イライラして、損をするのは、世界中でお前だけなんだぞ。そうやって、いつまでも怒っていろ！　お前のやりたい大事なことが、どんどんできなくなるぞ！　怒って損をするのは、お前だけだ。わかったか！」

坐禅は、私の人生の逃げ場だった。逃げ場には、トキメキと発見が、ある。

吾れと筆硯《ひつけん》と　何の縁かある
一回書き了《おわ》りて　また一回

良寛と遊んだ子供の親たちすべてが、良寛を尊敬したわけではない。

「あんな乞食坊主と遊ぶな」といった親もいる。寺に入らない禅僧。いろんな悪評もあった。村人の悪い評判に、ムカムカしたこともあったろう。

正座して、筆をとって、一枚一枚美しい文字を書くことが、良寛の唯一の回生の逃げ場であった。

38

自然に生かしていただく

――草木をもって　隣となす

長生きするよりずっと大事なこと

栄養士さんの机の上には、カボチャ、ネギ、肉、魚を、ろうでつくった見本品が、たくさん、並んでいた。栄養士さんは、まず、肉をつまんで、

「こんなものは、一日、これ以上食べてはいかん！」

といって、そのグラム数を、机の上の紙に、サラリと書く。つぎに、魚をとって、

「こんなものは、一日、一匹も食べれば十分だ」

といって、とても可愛らしくつくった魚の見本品を、ポイと机の上に、投げる。

そして、つぎつぎ、食品の見本を、

「こんなものは！」

といっては、紙にグラム数を書いて、また、見本の食品を、ポイと投げ出す。

投げ終わると、そこに、小さな山ができた。

「まあ、大体、一日この程度のカロリーをとってればいい。難しかったら、今日から三日間、三食、食べたものを書いてくれれば、わたしが一週間分の一覧表をつくってあ

げる。また来るように」

そのとき、ふと、かつて、老師に教わったことを思った。

「わたしは、食事の前に、かならず合掌して、いただきます、といって、食べものを口に入れる。なにを、いただくのか？　それは、宇宙のいのちをいただくのだ」

あのとき、老師は、毎食、毎食、食べもののありがたさを、シッカリ噛み締めよ、と、こうおっしゃった。

「肉も、魚も、野菜も、みんな自然のいのちを持っているんだ。人間も、まったく同じ自然のいのちで、生きている。そのことを忘れちゃいかん。牛の肉も、自分では殺さなくても、生きもののいのちをいただいて、その栄養で生きているんだ。それを当たり前だと思ってはいかん。自然のいのちで生きている食べものを、いただくんだぞ」

だから、道場では、食事の前に、お経をあげ、宇宙のいのち、自然のいのちに、合掌し、頭を下げて、いただく。

たとえ、ろうの食品の見本ではあっても、食品をいちいち「こんなものは」と投げ捨てるのが、わたしには許せなかった。尊い大自然のいのちの食品を感謝せず、悪魔のように扱う人のいうことをきいて、長生きはしたくない……そう思った。

それよりは、いま食べた自然のいのちを、楽しく、ありがたくいただいて、ごちそうさま！　ああ、おいしかったと腹八分。毎食ときめいて、喜んで、それで、ちょっぴり早く死ぬんなら、その方が、よっぽど快適な人生だ。

数字に縛られて、ビクビク生きるより、自然を友として生きる人の方が幸福。

頑愚《がんぐ》　信《まこと》に比なし
草木をもって　隣となす

超訳する。

「人は、わたしのことを、頑固なヤツだ、バカ者だ、という。たしかに、その通り。が、わたしは、大自然の草や木を隣人として生活しているから、いくらバカだといわれても、そんな評価に引きずられないで、自分らしく、自分を、自由自在に、生きている……」

自然は、わたしたち人間のように、ああしろ、こうしろとは、いわない。

第五章

良寛さんの〝子供と夢中で遊んだ〟話

39

「自然体」でいく

——君の委《まか》せざることを

人それぞれ、持って生まれたものがある

親たちの、子供へのひどいいじめの事件が、このところ、急に増えた。

学校でいじめの事件が、起こる。これも、けしからんことである。が、どうだろう。親たちが、いたいけな子供を、家庭でこっぴどくいじめる事件が、どんどん増えているとは、まさに、ただごとじゃない。

親たちのひどいいじめにあって、死んだ子供が、なんと、一年で三千人ぐらいはいる、という。

いじめに、いじめを重ねて、ある日、うっかり、子供を殺してしまった親たち。はじめから、この子はいらないと、殺そうとしていじめた親たち。

どちらも、現代でしか見られない、親と子の地獄のような、かなしい世界。

なぜ、子供が、そんなに、不要なものになってしまうのか。

いろいろ、細かい原因はある。それぞれ、よく検討しなくてはならないことも、ある。が、もっとも多く、もっとも一般的な原因は、

「子供が、自分たちの期待するような、いい子になってくれない」

「子供が、いくらいっても、勉強をしてくれない」

とにかく、いくらいいつけても、一つもいうことを聞かないばかりか、ますます、反抗的になったり、興奮してわめき立てたりしているうちに、「こんな子は、うちの子供じゃない」と、かーっと怒りが全身に込みあげてくる。いつの間にか、刃物を手にしている。おそろしいことだが、現代の親子の現実のひとこまである。

子供たちは、百パーセント両親の子供である。そうだろうか。

自分たちが、産んだのは、確かである。しかし、産んだ子供は、自分の子ではなく、天地万物の子供でもあった。

「こんな子は、うちの子供じゃない」

その通り。この子は天地万物のいのちを持って誕生した宇宙の宝である。

天地万物の子である。だから、もともと「あなたの思うようには、ならない」ということなのだ。

子供には子供の、持って生まれた運命がある。子供には子供の、持って生まれた天運がある。子供には、その子らしい素質と才能がある。

子供を、自分たちの思い通りにばかり教育するのは、適当でない。その子の素質や才能を見きわめて、その子らしく成長するように、愛し、はぐくんでゆく。子供が、いうことを聞かないのは、当たり前のことだ。「いうことを聞かせる」だけではない。親切に「いうことを聞いてやる」ことも両親の大事な務めであった。良寛はいう。

覓《もと》むる時すべからく知るべし
君の委《まか》せざることを

超訳する。

「子供たち一人一人が、でっかい自然のいのちの中で、自分の素質と個性を持って生まれた尊い善良なる一個人であることを、よく知ることが大切だ。けっして、両親の夢や欲望に沿わせるような押しつけの教育をしては、いけない」

いい子に育てるより、明るく楽しい子供に育てるのが、自然のかたちだ。

40

「なりゆき」に任せてみる

――騰々《とうとう》として　且《しばら》く縁に任ず

迷ったときは「縁」のある方へ

どうしても、わからないことが、ある。

「無差別殺人」

とにかく、目の前にいる人を、突然殺してしまう。

なぜ、その人を殺したのか。理由は、一つもない。

かれらは、口は違っても、いうことは、まったく、同じだ。

「だれでもいいから、殺したかった」

えっ。ちょっと待ってくれ。

それはないだろう。そんなことがあっていいことか。

犯人は、きまって、おとなしい人。勉強もよくがんばった人。礼儀も正しい。

近所の人は、たいてい、

「まあ、あの人が、そんなことするはずないでしょう」

おとなしく、まじめな子が、突然生きるバランスを失って、

「だれでもいいから、殺す」

といって、街中で、まっ昼間、つぎつぎ人を刺し殺す。

なぜなんだ？　取り調べ官も、その原因がわからず、首をかしげていた。が、犯人が、心を開くようになって、事情を話し出してくれるころ、だんだんその動機が、明らかになり始めてきた。

その大半の原因は、ほんのちょっとした両親の考え方、心の動き、であった。取り調べ官も、それを知って、ハッとした。

いくらきびしくいいつけても、息子が、いつまでたっても、両親の思いの通りにならないときであった。ふと、両親が、いや父でも、母でもが、

「もう、こんな子は、うちの子ではない。もう、こんな子いらない」

と、ひとことといったり、また、口に出していわなくても、心のどこかで、深く思い込んでしまった……それがわかったとき、息子は、おそろしいかな、両親のかわりに、だれでもいいから、人を殺そうと計画したのであった。

おとなしくて、いい子だから、両親は殺せない。が、他人は、平気で殺す。親の強欲で不適切な考えが、あっという間に、いいお子さんを、地獄のドン底へ落とし込む。

騰々《とうとう》として　且《しばら》く縁に任ず

「自分の子に大声張りあげて、いくら説教しても、思うようにならないときは、この大自然を動かしている運命の力、つまり『縁』の力にお任せしなさい」

と良寛はいう。

騰々として……とは、つぎつぎに、わき上がるということだ。世の中は面白くない。自分の思うようにならないことが、どんどんやってくる。

だから、なにごとも、こうでなければならないと、きびしく、きめつけては、いけない。だれもが、完璧に自分の思い通りになることは、ぜったい、あり得ない。ましてや、自分の子供を、自分の思うように育てられない。

ある程度までは、自分の期待に沿ってくれることはあろう。が、子供は、自分だけの運命と素質と才能を持っていることを忘れると、とたんに、いたい目に遭う。

すべての命のもと。「縁」の力には、いかなる人も無力。なりゆきに、任す。

41

「息抜きの時間」を楽しむ

——共につくさむ　一杯の酒

「不用意な一言」で人を傷つけないために

ある会社の管理人室が、バカーンと大きな音を立てて爆発、火の海になった。

翌朝、日が昇った。すると、そこから、管理人夫婦が、焼けた姿で現れた。

驚いたことに、二人は、焼ける前に、刺されて殺されていた。

犯人は、だれか？　驚くなかれ、高校生の息子であった。

近所の人からは、おとなしい、まじめな青年と、すこぶる評判の高かった高校生が、自分の父と母を刃物で突き刺したあと、部屋を爆発させて焼きつくしたのだ。

息子は、両親の殺害を認めたので、逮捕された。

「お前は、なぜ、こんなひどいことをしたのか」

と聞かれると、息子は、

「父親が、勉強しろといって頭を押さえつけ、バカにしたから殺しました」

と、答えた。

父親も、それはおとなしいまじめな人であった。ただ一つ、自分に学歴がないので、つねに、つらい運命の中にさらされていた。子供にだけは、学歴をつけたい。

「お父さんみたいに、学歴がないと、冷やメシを食わされるぞ」

「とにかく、勉強だ。そして、少しでも、いい大学へ合格することしかない」

そんな言葉を、毎日のようにクドクド息子にぶつけていた。

とても素直だった息子は、父にいわれた通り、よく勉強していた。塾へも通って、努力を重ねていた。成績も上がった。

が、父は満足できなかった。

「もっと、もっと」「まだ、まだ」

息子に対する欲が、増大すると、父の心の悩みも、日ごとに増加していった。父親は、酒も飲まない。パチンコもしない。カラオケもしない。まじめ一本。

父親は、息子に疲れがたまった。かれは、小遣いでゲーム機を買って、気晴らしを図った。

息子がかくし持っていたゲーム機を発見するや、逆上した。

「お前は、勉強せずに、いったい何をやっているんだっ」

父親は、息子のゲーム機をけちらかして、こわした。そして、ほとんど逆上した無意識の中で、こう叫んでしまった。

「バカもん。お前みたいなバカは見たことがない。お前は生きている甲斐のないヤツだ。死んだ方が、ましだ」

自分の欲望通りにならず、不満の悩みがつもってくると、人は、けっして口に出してはいけないきわどい言葉を、吐く。

息子は、父親のこの一言で、両親の殺害をしようと思った、という。

よしあしの　なにわの事は　さもあらばあれ
共につくさむ　一杯の酒

「これがいいとか、あれが悪いとか、そんなことは、どうでもいいじゃないか。まあ、とにかく、一杯の酒を飲んで人生を語ろうじゃないか」……と良寛はいう。

学力があるかどうかは、幸福であるかどうかとは無縁である。殺された父親が、友だちと一杯酒でも飲んで、手を打って歌いながら、思い出の一つも語り合えば、不満の毒に怒り狂って、息子を殺人犯に追い込む、きわどく、危険な発言は、なかった。

42

だれも責めない

――きてみれば　わがふるさとは　あれにけり

「相手を許す」のが幸せのコツ

息子が、両親を殺す。

なぜ？　その答えに、苦しむ。

娘が、両親を殺す。

息子のケースにくらべると、きわめて少ない、というより、ほとんどなかった。

が、このごろになって、娘が父親を殺す、といういたましいことが、いくつか起きてしまった。

その一つ……。

十六歳の娘が、四十五歳の父親を、殺したのだ。

明け方の午前四時ごろ、二階で寝ていた父親が、娘のふるった斧の一撃で、あえなく尊い一生涯を、くだかれた。取り調べ官に、

「なぜ、お父さんを殺したんだ」

と聞かれた娘は、

「父が浮気をしているのが、許せなかった」

と、答えた。浮気は、許せない。それは、よくわかる。しかし、殺さなくてもいい。父親を殺したら、父親は死んで、一生涯をふいにしてしまう。しかし、娘さんの一生涯も、ボロボロになってしまって、死んだと、ほぼ、同じような姿となる。

人の失敗や不道徳に、神経質にきびしいと、とんでもない不幸が、起こることがある。父の浮気は、許せない。が、娘さんが、もし、やさしく、

「お母さんが、かわいそうだから、やめてね」

といってあげたら、父は、ハタと浮気をやめるかもしれない。

父と母を離婚させて、母を守ってあげることだって、できる。

父を殺さないで、よく工面をして、どんなことがあっても、父も、母も、自分も、敗北しないで、それぞれが、小さな花を咲かせて、それぞれで、生きていきたい。

文化元年（一八〇四年）、長野の善光寺に参拝し、五合庵に帰ってくると、面倒なことが起こっていた。

良寛の弟、由之《よしゆき》は、国学や和歌、書などに、たいへんすぐれていた。が、経済的な

考えがまったくなく、文人や書家たちを集めては、派手な宴会ばかり催した。

良寛の生家は、町の名主を務め、豊かな財を持っていた。しかし由之は、無駄なことばかりを重ね、生活に困って、とうとう、町民の金まで流用して穴埋めした。

町民が、代官所に訴えて、良寛の生家はつぶれた。由之の妻や、身内のものから、由之の生活態度を、戒めてくれるように、良寛は、頼まれた。

良寛は実家に帰った。いきなり、座敷に上がった。由之を前に……。しかし、なんにもいえなかった。

やがて、良寛は、歌一首を書き、由之の前に静かに置いて、五合庵へ、帰った。

きてみれば　わがふるさとは　あれにけり
にわもまがきも　おちばのみして

まがきとは、竹でつくった垣根のことである。この歌を手にした弟の手が、ふるえ出した。黙ったまま、自分を見つめていた兄良寛の、会話ではけっして伝わらない情深い静かな心が、由之の生活を、一変させる。

43

他人に〝洗脳〟されない

——忘れてぞ来し　あはれ鉢の子

「まじめ一辺倒の生き方」は苦しい

母は、つねに、こういった。

「人から、笑われないようにしてね」

と。

夫（わたしの父）を失った母は、子供たちが、他人から後ろ指をさされて、悪口をいわれたり、非難を受けたりするのには、たえられなかったのだろう。

とにかく、どの兄弟に対しても、

「人から、笑われないように……」

とだけ、いっていた。

友だちから、

「遊ぼう」

といわれると、

「うん」

と、かならず返事をしていた。遊びたくなくても、「うん」といった。

「柿どろぼうに行こう」

「うん」

といって、友だちと背伸びをして、柿を盗んだ。悪いことと知っていても……。

友だちから笑われないようにするには、なんでも、友だちのいうことに、素直に従うことだと、とんでもないことを思っていた。

友だちも、たくさんいた。先輩たちも、可愛がってくれた。

が、いつの間にか、自分の心の中には、他人ばかりがうごめくようになった。

自分のほんとうの気持ちが、どこかへ行ってしまった。

自分のやりたいことが、まったく、わからなくなってしまった。

みんなは、わたしのことを、素直で、とてもいい人だと、ほめてくれた。

「人に笑われないために……」

いつも自分を犠牲にして、人に「いい人だ」と……。

このまま、まじめに生きていったら、どういう未来が待っているのか。

人のために、我慢、がまん。親のために、我慢、がまん。自分を見失って……。

春の野に　すみれつみつつ　鉢の子を
　忘れてぞ来し　あはれ鉢の子

春の野原で、子供たちと、すみれをつんで、つんで。ああ、楽しい。ああ、うれしい。あっちだ、こっちだ。どこへ行っても、すみれ、すみれ。

「じゃ、また明日ね」

と、五、六人の子と別れ、五合庵に帰ってきて、

「ああ、鉢の子を忘れたっ」

鉢の子は、村人のところへ物乞いに行ったとき、そのなかへ、お米やお金を入れていただくおわん。子供らと、手をとって、仲良く遊びにふけったので、大事ないとしい鉢の子をどこかへ忘れた……。

良寛は、世間の他の人に、まったく、洗脳されていない。自分がほんとうに望む生活を、しっかりと、見出している。

44

〝ながら〟をやめる

——何をもってか　玄津《げんしん》となす

「愛の結び目」を切ってはいけない

わたしは、男の末っ子だった。

だから、いつまでも、いつまでも、母の乳をもらった。

そのため、今日でも、母の胸にすがって、乳を飲んだときの記憶が、けっこう、はっきりしている。

味は、もう、すっかり忘れている。

チュウ、チュウ……。

母の乳首から、口を外しては、また、一生懸命それをさがして、また、飛びつくようにして、乳を飲んだ感触は、どこかに、うっすらと、残る。

母の乳首を、口いっぱいにほうばって、チュウチュウ吸いながら、片方の手で、もう一つの乳首を、しっかり押さえて、守っていた。

あんな豊かで、安らかで、美しい時間は、その後、一度も、ない。

母は、わたしが乳を飲んでいるときは、きまって、わたしの頭を、やさしくなでてくれた。

年をとればとるほど、母が恋しい。

いま、母が生きていてくれたらなあ……と、つねづね思う。

ことによると、たぶん、乳をもらっていたあのとき、母のいのちと、ゆったりと結ばれていたからだろうと……。

あのときの気持ちのよさが、いまでも、ふと、復活する。

先日のこと、知り合いの家で、こんな光景を見た。

応接間に、座っていた。戸が開いていたので、見るともなしに、見て、ビックリした。長女の方が、お子さんにお乳を飲ませていらっしゃる後ろ姿が、映った。左手でお子さんを抱いて、右手にはスマートフォンをにぎって、じーっと見つめている。

終わると、わたしのところへ、ごあいさつにいらっしゃった。

「あなたは、器用ですね。お乳をあげながら、スマホが使えるんですか」

いつまでたっても、なかなか、うまくスマホが使えないわたしは、うらやましそうに、そういった。

「いや、友だちも、みんなそうしてます。お乳をやるときは、とても、退屈でしょう？　だから、みんなそうやってるわ」

幼子は、夢中になって、母の愛を求めている。

そのとき、母は、夢中になって、スマホを楽しむ。いつの間にか、母と子の愛が、バラバラになってしまった。

ためにに問う　三界子《さんがいし》
何をもってか　玄津《げんしん》となす

と良寛はいう。超訳する。

「世間に生活している人に、お尋ねしますが、いったい、人間が生きていくときに、なにが、いちばん大切なのですか。なにを心の支えにして生きていったらいいのでしょうか？」

親と子の、愛の結び目が、プツンと切れたまま、幸福な一生を送ることは、なかなか、できない。

45

日々、新鮮に生きる

――日々日々　また日々

子供のころの「自由な気持ち」をとりもどそう

子供のころ。

わーっと、大声で、泣きわめく。

でも、ちょっと面白いことがあると、すぐ……。

ニッコリ……。

みんなは、手をたたいて、こういった。

「わーい。いま泣いたカラスが、もう、笑った。笑った。笑った」

大声で、みんなに、ひやかされても、わたしは、平気で、笑っていた。

頭にきて、あばれまわって怒っても、友だちが、

「ゴメンネ」

といってくれると、

「うん、いいよ」

と、すぐ、機嫌が、よくなった。

かなしいことがあっても、友だちとわいわい遊んでいると、とたんに、明るく元気になってしまった。

汗をかいて、飛びまわって、面白おかしくて、楽しくって、なにもかも忘れはてて、みんなで遊んだ。少し家に遅く帰ると、

「なにやって、遊んできたの?」

「うん。なんにもやってこなかった」

と、口から、答えが、飛び出す。

ウソをついているわけじゃあない。

遊んだことを、ケロッと忘れてしまったのである。

泣いても、その場かぎり……。

怒っても、そのときだけ……。

いつでも、サラサラ、新しい気持ちで、そのとき、その場にふさわしい感情を起こして、いろいろな経験に対応して、いきいきと生きていた。

子供と一緒に遊んでいると、大人が考えもしないような、すばらしいことが、飛び出してくる!

かつて、わたしも、子供であった。

いま、しみじみ思い出してみると、子供のころが、いちばん、自由だった。

なんにも、我慢しないで、泣いた。笑った。そして、怒ってわめいた。

日々日々　また日々
のどかに児童を伴って　この身を送る

今日も、今日も、また、今日も、毎日、毎日、また、毎日。のどかに、子供たちと仲良しになって、この一回かぎりの一生を、楽しく送っている……。


びっくり。

これが、良寛の世界。

良寛は一生、一切の迷いなく、子供たちの手を離さないで、自分の自由な本心を磨きつづけた。

46

善悪だけで判断しない

――終日　食を乞い罷《おわ》る

子供には子供の世界がある

友だちは、みんな、きびしいお父さんと、しっかりしたお母さんが、いた。

わたしは、父を失った。

母は、朝から晩まで、仕事ばかりしつづけていた。

だから、わたしは、あれこれと、細かくしつけられなかった。

友だちと一緒になって、夏は、よく、畑のスイカをこっそり盗みとって、みんなで、食べた。

秋には、毎日のように、柿どろぼうをしていた。

ふしぎなことだ。

きびしいお父さんのいる友だちは、あとで、きまって、きびしく、叱られた。

「父ちゃんに、怒られちゃった」

と、ションボリ。

でも、また、スイカのかわりに、メロンをとって、食べた。柿も、やっぱり、どろぼうしていた。

父のいないわたしは、まったく、叱られることが、なかった。

いまになって、実は、たいへん妙なことを考えている。

お父さんに、いつも、きびしく叱られる子は、柿をとるとき、まわりを見まわしては、ビクビクしていた。柿を並べて、ジャンケンで、大きいものから配って食べるときも、ビクビクこわがっていた。

叱られなかったわたしは、いつも、

「この柿、甘くて、うまいね」

といって、喜び、勇んでいた。とても、楽しい時間だった。叱られないわたしは、まるで、悪いことをしているとは、思わなかった。ただ、うまそうな柿をとっては、みんなで輪になってかぶりつくことだけで、ワクワクしていた。

いつか、その柿の木の家のおじさんに出会った。

「おじさんところの柿、すごく甘くてうまかったよ」

と、いった。

「あ、そうか。オレんところの柿は、うめぇだろう」

と、頭をなでてくれた。

気の毒なのは、どなられたり、ゲンコツをもらった、いちばん、厳格なお父さんがいた友だちだ。

かれだけは、プッツリと柿どろぼうをやめた。

が、十八歳になったころ、都会で、万引きをして、警察につかまった。

幼い子供のちょっとしたどろぼうには、悪気はない。それを神経質にあまりきびしく責め立てると、成人して、かえって思わぬ犯罪を犯す。

終日　食を乞い罷《おわ》る

「食を乞う」とは、乞食《こじき》をすることだ。働かないで、人からお金や食べものをもらって生活するのは、よくないことだ。

良寛さんは、村人のところを歩きまわって、日が暮れると、庵に帰って、坐禅をくみ、禅語を学んだ。良寛は、たくさんの人から、「乞食坊主」と冷笑された。が、良寛は、乞食を、悪いとは思わない。

47

干渉しすぎない

——ここに一顆《いっか》の珠あり

「宝石は、人にあれこれいわれても、見つからない」

子供のとき、きびしくしつけられた人。

子供のとき、甘く育てられた人。

いったい、どちらが、よかったか？

若いころ、わたしは、先生をしていた。

わたしの眼鏡が狂っていたせいか、わたしは、生徒さんの欠点とか、弱点が、ほとんど、見えなかった。

ほかの先生に、

「あんたのクラスのね……。あいつは、悪いヤツだ」

と、叱られるようにいわれても、その生徒さんが、悪い生徒とは、思えないのだ。

欠点の見えない指導者は、失格。

そういくらいわれても、生徒は、みんないい人で、みんな、わたしより、才能豊かだと、見ていた。

中一の父母会の折、母親に、

「あなたのお子さまは、すばらしいです。いいところを、豊かに持っていらっしゃいます」

と、かれの美点を、つぎつぎ説明したところ、

「先生は、甘いですね。家に帰ってきたら、まるで、ダメなんですから、もっと、よく息子を見て、指導してください」

といって、ダメな点を、メチャクチャに話して、帰っていかれた。

かれは、けっして、ダメな中学生ではなかった。ただ、母の目から見ると、ダメでダメで仕方がないのだ。とても、明るかったかれは、高校に入るころ、なにもいわない、だんだん、暗い生徒になってしまった。

子供が、いま、なにをしたいのか？

ほんとうの子供の気持ちを、まったく受け入れることなく、ただ、勉強していればいい子なんだ……というような態度で、ああしなさい、こうしなさいと、決めつけてきびしく接していると、思春期の子供が持つ、すばらしい世界に、まったく、光が、当たらなくなる。そして、かれの青春は、まっ暗と、なって、自分を失ってしまう。

もちろん、こうしろ、ああしろと、いくらいわれたって、そのきびしい干渉を打ちやぶって、本来自分の遂げるべき夢の世界へ飛び出して、自在に自己を実現した人も、たまには、いる。が……。

大半は、一生、薄暗い空を眺めながら、自分のほんとうにやりたいことへの自由を持たないで、まわりからは、ただ、ひたすら、いい人といわれて働いてきたが、いま、自分のしぼんだ内面をだれにも語れず、年をとるにつれて、いったい、自分とは、なんだったのか？　それがわからない。

ここに一顆《いっか》の珠あり
終古　人の委するなし

超訳する。

「自分の心の中に、キラキラ光る宝石がある。この宝石は、人にあれこれいわれても、見つからない。子供たちは、自分の宝石を、自分の中に、自分で見つけて、自分で、自分らしく、そのとき、その場で、のびのび磨いている」

48

「禁止」ばかりしない

――柿の木

なぜ良寛は子供と仲良くできたのか？

子供の心は、どこまでも、広い。

子供の心は、自然のいのち。

子供たちは、そのとき、その場にふさわしい考えを、どんどん、生み出している。

子供たちは、経験がない。子供たちには、まだあまりにも社会の常識が欠けている。

それに、体も、小さい。だから……。

うっかりすると、子供たちが持っている自発的な直感力とか、すばらしい判断力を見失って、ひたすら、上からの目線で、「ああしなさい」「こうしちゃダメ」と、注意ばかりをしてしまう危険が、ある。

注意しなくてはいけないことは、ダメだダメだと禁止ばかりしていると、子供たちは、自分が持っているいろんな才能を、生み出せなくなる点だ。

いま、わたしが、子供だったころを、思い出してみる。

たしかに、スイカどろぼうは、大人たちの目からすれば、悪いことだった。

が、大人たちが、戦争で殺し合いをしていたため、子供たちは、毎日、空腹に苦しんでいたのだ。子供たちは、スイカを盗みに行ったのではなかった。スイカが欲しかった。だから、スイカをもらいに行ったのだ。

スイカをもぎとるとき、みんな、

「ツルをいためちゃダメだよ」

といって、スイカ畑を荒らさないように、気をつけた。

スイカ畑のすみで、スイカを割って、スイカをぐるり囲んで、

「イタダキマース」

と、いって食べた。

スイカを食べたあとの皮は、畑の道の小さな土手を掘って、きれいに埋めた。

スイカは、おいしかった。お腹も、いっぱいになった。うれしかった。

柿の木

ある秋の夕暮れ。

良寛が、輝く紅葉を眺めながら、いい気分で、いなかの道を歩いていた。

村へ入った。ふと、見る。

小さい子供が、柿の実を取ろうとして、柿の木に登ろうとしている。

「柿が、食べたいのか？」

「うん！」

良寛は、柿の木に、登った。そして、一つをもぎとって、ガブリと噛む。

「うまいなあ、この柿は……」

下では、子供が、いまくれるか、いまくれるか、と待っていた。が、

「良寛さーん。オレも木に登って、食べたーい」

「おお、そうか」

といって、手をさしのべて、子供を木の上に引きあげた。

二人、大きな柿の木のまたに座って、うまそうに、赤く実った柿の実を、かじった。

柿の木のすぐ上に、夕日をのせて、美しい雲が、ゆっくり流れる。

いいとか、悪いとか、ちょっと口を出したら、子供の世界へは、入れない。

49

子供の「すごさ」を学ぶ

――古来　それ然りとなす

子供を大人の尺度で測らない

だ菓子やさんは、ほとんど、つぶれた。

あまりにも、安すぎて、大きな店で置いてくれないから……。

十円、二十円、五十円のお菓子を、ていねいにつくって……。でも、安すぎるから、売ってくれない。

菓子販売の大手の会社を経営している秋山さんは、東京のだ菓子やさんの問屋街を歩きまわった。

「一つひとつ、ていねいにつくって、美しく包装し、味がしっかりしていて、こんなにも安い。この菓子を、日本から消しては、いけない！」

秋山さんは、会社の大きい倉庫の中に、全国から、たくさんのだ菓子を集め、村のお祭りのような屋台をたくさんつくって、楽しい子供たちの世界を創設した。

いつの間にか、小学校の生徒さんが、バスでやってくるようになった。

先生が、低学年のお子さんに、

「いいか。みんなに二千円ずつ小遣いをあげる。そのかわり、よく計算をして、ピッタリ二千円のお菓子を集めなさい。ピッタリ、二千円だぞーっ」

「ハーイッ」と、大きな返事をすると、生徒さんは、バラバラッと、散った。

会計では、いちいちレジをたたいて、二千円かどうかを調べ、二千円ピッタリでないときは、また、買い直させた。

ところがである。

まことに、まことに、ふしぎなことが、起こった。

学校では、まったく計算のできなかった生徒さん二人が、寸分の狂いもなく、十円、二十円、五十円のたくさんの菓子を、ぴったり二千円買ってきたのだ。

びっくり仰天して、驚きまわったのは、先生方だった。

「うえっ。どうして?」

と、言葉を、失った。

机の上で、計算を教えなくても、そのお子さんは、もともと、それくらいの能力は、持っていた……ということだ。

秋山社長さんは、

「小さな小学生さんが、バスを降りて、会場に入ったとたん、『わーっ。夢の国だ』とか、『わーっ。お菓子の楽園だ』と、叫ぶのです。だれにも教わらないで、どこから、あんなすばらしい言葉が出るのか。子供たちって、すごいわ」……と。

秋山さんは、毎日、毎日、しゃがんで、子供さんと話すのが、生き甲斐だと、小さい生命のエネルギーのすばらしさに学び、頭を下げている。

良寛はいう。

古来　それ然りとなす
何ぞ必ずしも　今かくのごとくならん

超訳する。

「子供たちが、宇宙のすばらしい生命を持っているというのは、太古のむかしからだ。子供の世界は、大人が考えもしない美点が、いくらでも、飛び出してくる。子供の中に、創造の宇宙心があることを忘れて、大人の都合で、ああしろ、こうしろとばかり注意していると、一時いい子にはなっても、いつか、つぶれる」

50

憎々しく叱らない

——戒語　にくき心をもちて　人をしかる

叱るなら愛を持って

紅葉の、山の散歩は、楽しい。
全身、ふわふわと、気持ちがよくて浮き立ってしまう。
が、ときどき、ふるえるほど、びっくりして、一瞬、足が止まる。
ヘビだ。
わたしの心臓が、思わずゴクッゴクッとスピードを速める。
だらだらと下っている山道に、のっそりと、ヘビが、長く横たわっているのだ。
死んでしまったように、気味わるくまったく動かない。
よく、眺める。
やっぱり、緊張して、生きている。
「すいませんね。ここを通りたいんですが、ちょっとだけ、どいてくれませんか」
と、話しかける。
ややあって、ズルズルと崖の方へ動いてくれる。

禅宗のお寺の本堂の天井に、よく、龍の絵が、おそろしいくらい、でっかく描いてある。

龍は、もとは、ヘビだ。

ヘビが大きくなって、大蛇となり、大蛇が、年々もっと偉大になって、ついに、龍となる。

つまり、寺の天井に、逃げたくなるような、こわい大きなヘビが、いる。

「どうして、本堂の天井に、ヘビが本家の龍が、描いてあるんですか」

ある日、お坊さんに、そう尋ねた。

「ヘビは、くるくるっと、とぐろをまいて、小さくなれる。するっと、体を伸ばすと、長くなれる。ヘビは、崖がきびしくても、にょろにょろ、登っていく。川に入っても、泳ぎがうまい。木も、枝も、平気で伝っていく。ヘビは、頭さえ入れば、壁の中でも、へっちゃらで入っていく。また、ヘビは、一メートルや二メートル、パッと、ジャンプもできるんだ」

と……。そうして、すぐ……。

「人間も、ヘビぐらい、自分の力で、自由自在に、自分の思い通りの人生が送れたら、それが、いちばん、よろしい」

わたしは、ヘビが、イヤなヤツだ、ヘビは、嫌いだと思ったとたん、ヘビから、学ぶべきものが、学べなかった……。

お坊さんのお話をお伺いしながら、しみじみと、そう思った。

子供も、もし、この子はダメだ、イヤな子だと思ったら、せっかくたくさんの才能を持っていても、それを見逃して、文句ばかりいいつづけて、押しつぶすことになる。

良寛の自戒の言葉、

にくき心をもちて　人をしかる

超訳する。

「『勉強しなさい』といいつけても、いつまでたっても遊んでばかり。つい自分の子が、憎たらしくなる。愛を忘れ、憎む心で、子供を叱りつづけていると、その子の長所がつかめないどころか、とんでもない不幸に襲われる」

参考文献

『良寛詩集訳』飯田利行／大法輪閣
『良寛髑髏詩集訳』飯田利行／大法輪閣
『良寛―その大愚の生涯』北川省一／東京白川書院
『良寛の詩と道元禅』竹村牧男／大蔵出版
『校注良寛全歌集』谷川敏朗／春秋社
『沙門良寛―自筆本「草堂詩集」を読む』柳田聖山／人文書院
『良寛』吉本隆明／春秋社

本書は、本文庫のために書き下ろされたものです。

境野勝悟（さかいの・かつのり）
1932年、横浜生まれ。円覚寺龍隠庵会首。早稲田大学教育学部国語国文学科卒。私立栄光学園で18年教鞭をとる。在職中、参禅、茶禅一味の茶道を専修するかたわら、イギリス、フランス、ドイツなど西欧諸国の教育事情を視察、わが国の教育と比較研究を重ねる。
1973年、神奈川県大磯にこころの塾「道塾」を開設。1975年、駒澤大学大学院・禅学特殊研究科博士課程修了。各地で講演会を開催。経営者、ビジネスマンから主婦層に至るまで幅広く人気がある。
著書に、『道元「禅」の言葉』『一休「禅」の言葉』『超訳 般若心経〝すべて〟の悩みが小さく見えてくる』『超訳 菜根譚 人生はけっして難しくない』『老子・荘子の言葉100選』（以上、三笠書房《知的生きかた文庫》）などベストセラー・ロングセラーが多数ある。

知的生きかた文庫

良寛《りょうかん》 軽《かろ》やかな生《い》き方《かた》

著者　境野勝悟《さかいのかつのり》
発行者　押鐘太陽
発行所　株式会社三笠書房
〒一〇二-〇〇七二　東京都千代田区飯田橋三-三-一
電話〇三-五二二六-五七三四〈営業部〉
〇三-五二二六-五七三一〈編集部〉
http://www.mikasashobo.co.jp
印刷　誠宏印刷
製本　若林製本工場

ISBN978-4-8379-8522-8 C0130

知的生きかた文庫　境野勝悟の本

道元「禅」の言葉

見返りを求めない、こだわりを捨てる、流れに身を任せてみる……「禅の教え」が手にとるようにわかる本。あなたの迷いを解決するヒントが詰まっています！

一休「禅」の言葉

人生のコツは、一休に訊け——人生はいつだって予想外、人の心なんて変わるもの、考えるよりも先にまず動く……「本当に大切なこと」に気づく50話。

超訳　般若心経

〝すべて〟の悩みが小さく見えてくる

般若心経には、〝あらゆる悩み〟を解消する知恵がつまっている。小さなことにとらわれず、毎日楽しく幸せに生きるためのヒントをわかりやすく〝超訳〟で解説。

C30112